【台灣經濟大師開講】

朱敬一・林全

帶你打開

經濟學的新視野

朱敬一 林全 合著

作者簡介

朱敬一

美國密西根大學經濟學博士

曾任：國科會人文處處長
　　　中央研究院副院長

現任：中央研究院院士
　　　中央研究院經濟所特聘研究員
　　　台灣大學教授
　　　中華經濟研究院董事長

曾獲：國科會傑出研究獎（四屆八年）
　　　教育部學術獎
　　　台大法學院連震東先生紀念講座
　　　傑出人才發展基金會傑出人才講座（五年期）
　　　教育部國家講座
　　　總統科學獎

林全

美國伊利諾大學經濟學博士

曾任：世界先進積體電路(股)公司董事長
　　　財政部部長
　　　行政院主計處主計長
　　　台北市政府財政局局長
　　　政大財政系教授兼系主任所長
　　　中華經濟研究院副研究員

現任：台灣大學經濟系兼任教授

你我須知的「經世濟民」知識

李念祖 推薦序

本書兩位作者，朱敬一院士與林全教授是台灣公認的頂級財經頭腦；多年來，他們總在不同的場合，以他們各自獨到的方法，於財政經濟問題遭逢各種困難的時候，貢獻學識與智慧。勤於寫作，普及經濟學的知識，則是他們的共同興趣所在。朱敬一院士與我因文字結緣多年，我也曾有幸與他合力出版人權著作，當年即由林全教授寫序。他們兩位都是健筆，也都是快筆，我知之甚詳。現在由我為他們兩位的共同出版寫序，倒不是筆墨人情投桃報李，而且因為他們合寫的這本好書，確實值得推荐。

這本書選擇了六個向度，用深入淺出的觀念介紹經濟學，也運用經濟學的方法為讀者解析社會普遍關心的問題。每個向度各選擇四個從事觀察討論的題目，共是二十四篇。做為本書的讀者之一，我要說書是好在文字流暢，淺顯易懂，可讓讀者（不論是學化學的或是人類學的）興趣盎然，卻又得到了重要而有用的知識與觀念，心中疑問迎刃而解。

本書從全球化的格局中介紹知識經濟、網路經濟、世界貿易組織（WTO）與經濟合作架構協議（ECFA）的意義，都是識者關切的題目。書中說明簽署ECFA的緣由，在於世界各國紛紛以雙邊或集團式的貿易協議在亞洲打破關稅壁壘，台灣卻會因為不能參與其中而自動形成關稅獨高的單一經貿壁壘，必然使得外資望而卻步，在國際經貿舞台上面臨被邊緣化的命運；兩岸簽署經貿架構協議，也就只是打破僵局的第一塊磚而已；文中並且提出兩岸相關談判中應有的戰略思維，言簡意賅。如將此文與介紹WTO的篇章併讀，必能對於簽署ECFA的道理得到深切的體會與認識。

身為一位法律工作者，我對於書中的〈法律經濟〉篇特別關注。其中〈經濟學家如何分析法律規範〉這章，勾劃法律的經濟分析如何重要，是眾多相關研究中畫龍點睛的描述。法律規範常因經濟思考的盲點以致規範效用減低的例子，俯拾即是。例如訴訟法規定訴訟費用由敗訴者負擔，以防濫訟射倖，卻不將數額未必輕微的律師費用涵蓋在內，若欲藉之疏減訟源，勢必緣木求魚，事與願違，這正是欠缺經濟分析思考的結果。制訂法律規章者，如果能如文中所述，不忘使用經濟分析檢視其可行性，法治的品質必可大幅提高。另如〈公司治理與國家治理〉這章，清晰道出上市公司的治理與國家的治理，原有它們相通之處；思考公私利益如何衡量兼顧的古老議題，可以從中得到新的啟發。

本書談到租稅與產業問題，非議犀利，直言無隱，更不掩飾對於時政的沉痛批評。對於國人共同的疑問：高鐵BOT究竟出了什麼問題，本書也提出了中肯而觀照全面的針砭；指出是從制度規劃的失焦、政府角色的失控，到執行面的缺乏監督，都有值得檢討之處。作者苦口婆心，希望不因此案而導致BOT模式汙名化的厚道，也躍然紙上。

總的來說，經濟學做為經世濟民的學問，本就貫穿於政治、社會、法律乃至文化生活的每個環節。兩位作者當然是相信市場經濟的經濟學家，強調市場機制有其自主運作的邏輯，除非有足夠理由（例如，規範獨佔或寡佔的市場、維持公平競爭秩序等等），政府不該輕易介入，以免扭曲市場的運作；但是，他們明白經濟學自有邊界，均不囿於只談經濟效益的邊沁式功利經濟學風格，而能掌握經濟效益之外，還有深具平行的重要性甚或更具目的性的價值存在，需要整全的衡量與思考。

學術教育是一端，基本人權是一端，倫理文化又是一端，而政治與社會更是為了價值衝突而進行選擇取捨的大舞台。經濟學家向以擅於提出理論分析的架構、精於數字計算著稱，所提出的分析也常易使人眼花撩亂，莫測高深，卻又總是莫衷一是（在這點上，法律專家的本事恐也不遑多讓）。兩位作者都是學養深厚、夙負盛譽，他們當然各有長期養成的經濟思想，所持的觀點均已自成一家之言；兩位彼此之間，與其他的學者專家之間，必有不同的意見存在；但是他們因為重視經濟學的廣濶視野足以決定其效用而寫成此書，則正是本書書名道出的題旨所在，本書於是有獨到的濟世價值。

重要的是，本書並不著重於學術門派理論的提出，也毫無為了理論辯論而從事辯論的意思。毋寧是更為關切財經學理的實際應用是否能為社會解決問題，而非製造新的問題，以致治絲益棼。本書之中，知識分子為了普及財經學問的基本知識，展現知識經濟的社會效益與價值，善盡社會責任而寫作，用心深刻卻又可以一目瞭然。我自問雖是財經學術領域的門外漢，竟不知藏拙，也略無推辭，欣然以一般讀者的身分與心情，樂為本書作序以為推荐者，原因其實在此。

（本文作者為知名法學教授及律師）

施振榮 推薦序

現代人必須了解的經濟觀點

對於經濟學，我只有在大一時唸過，不過由於素養有限，因此對經濟學的了解實在不夠。這幾十年來，由於經營事業因此參與更多的經濟活動，才對經濟學這門學問有了更深的體會和認識。

多年前，有機會拜讀朱院士與林部長合著的《經濟學的視野》一書，兩位作者以深入淺出的筆觸來描述每個人生活與經濟之間的關係，讓我們對經濟有所了解，當時就覺得從中獲益良多。

此次，朱院士邀請我為本書寫序，我感到十分榮幸，花了幾天時間將書稿看完，又獲得許多新的啟發。兩位作者在本書中新增了多篇新作，同時從全球的經貿新局、租稅與產業、教育經濟、法律經濟、政治經濟、經濟觀念的延伸等不同面向來探討議題。

雖然經濟學的專業知識對許多人來說，閱讀相關的書籍往往感到吃力，不過書中兩位作者將艱澀難懂的知識，以淺顯易讀的方式表達，同時又結合社會大眾所關心的議題，諸如：教改、ECFA、公司治理與國家治理等議題，以經濟學的角度來探討問題，達到「推廣經濟思考」的目的。

兩位作者在長期從事教學、研究之外，著書分享經濟學的觀念與知識，其獨到的見解，相信值得所有從事工商活動的朋友們來參考學習！

（本文作者為智融集團董事長）

經濟視野，在地關懷

郝龍斌 推薦序

《經濟學的視野》初版出書以來，廣受好評而且立刻成為暢銷書，它曾經帶領我進入經濟學的領域，新增的章節更是我擔任台北市長以來非常關心的議題，提供了當前台灣庶民討論政治與社會議題所最需要也是最有用的經濟觀念，我有把握這本增訂版必定更加受到廣大讀者喜愛與肯定。兩位作者以經濟觀點為基礎，本著社會關懷的心情，以熱門的公共議題為對象，運用庶民易懂的表達方式，深入淺出地分析各項公共政策與社會制度的設計道理，不但擴大並提高讀者的經濟視野，也間接提升社會大眾對公共議題的思辨能力。

台灣社會最近正為了是否與中國簽署「經濟合作架構協定」（ＥＣＦＡ）而爭議不休，民意調查顯示，大部分民眾其實還弄不清楚ＥＣＦＡ的內容與意義。難怪有位來台擔任訪問學者的香港學者，其觀察心得就是：台灣是一個「濫情又理盲」

的社會。如果社會大眾有機會閱讀本書，相信對ECFA的認識與討論就會更理性了。針對新的全球經貿局面，本書詳細說明了WTO與ECFA的內容及其對台灣經濟發展的意義。我個人非常認同兩位作者的主張，台灣要避免被全球經濟邊緣化就不能鎖國，也不能對快速成長的中國市場視而不見。簽署ECFA是台灣積極爭取海外市場的必要措施之一，因此問題重點不在於應不應該簽署，而是ECFA的內容以及因應簽署後局面的配套措施應如何擬定，才能確保台灣經濟利益的最大化與負面衝擊的最小化。

本書增訂版特別增加「租稅與產業」的討論篇幅，提醒社會必須重視台灣目前所面臨的政府財政危機。如果總體經濟環境沒有改善，人口結構繼續老化與少子女化，而社會福利維持成長趨勢，則政府財政惡化問題將日益嚴重，解決方法之一就是提升地方政府的財政自籌能力。如作者所言，我國的財政制度乃是中央集權又集錢的體制設計，地方政府缺乏租稅立法權，因此台北市政府乃積極提升市有資產的開發管理能力，並且促進民間參與公共建設，期能以有限的財政資源為人民創造最大的公共建設效果與公共服務品質。在過去我主政的三年期間，既使客觀環境並不理想，台北市的債務餘額仍從二〇〇六年底的一千六百九十八億元降到二〇〇九年底的一千四百八十七億元。

我非常贊同兩位作者的理念，社會或團體的進步決定於其中組成分子的觀念，在民主政治制度之下，人民視野的高度與廣度將決定政治選舉與政策制訂的品質。兩位作者都是國內傑出的經濟學家，長年在大學教授經濟學，具有堅強的學術根基，也都分別具有擔任過政府重要職位的行政歷練。林全教授曾擔任行政院主計長與財政部長，朱敬一教授則擔任過中央研究院副院長，現任中華經濟研究院董事長。他們基於對台灣社會的關懷，本著「學問為濟世之本」的知識分子熱情，運用庶民易懂的方式，與社會分享他們累積多年的專業知識與智慧，對於拓展讀者的經濟視野與政策討論能力有極大的助益。除了要對兩位作者的社會服務表示肯定與敬佩之外，我更要鼓勵所有關心台灣社會發展的人士，尤其是年輕朋友，將本書列為必讀的書本之一。

（本文作者為台北市長）

自序
「推廣經濟思考」捨我其誰

多年前，在聯經出版公司總編輯林載爵先生的蠱惑之下，我們一時鬆懈了心防，答應要寫一本「經濟散文」的書。載爵兄有鑑於正統經濟學教科書往往生硬刻板，而許多專業散文又讓人望文生畏，乃有邀請我們寫書之意，希望我們能寫一本「具專業分析、能切入時題、兼可釐清觀念」的散文集，以推廣經濟思考。

經濟學家關注現實社會的議題概有兩種類型：其一是分析當前國內外經濟情勢，對於利率、外匯、金融、貿易等主題發表議論。其二是應用經濟觀念於周遭事例，對於法律、教育、資訊、社會等主題切入分析。國內常見第一類的論文，但是第二類的文章卻較為少見。寫第一類時論的經濟學家大部分是總體經濟學者，而我們是研究個體經濟的，自然從第二類論文切入。至於能不能達到「推廣經濟思考」的目的，那就要由讀者來判斷了。

這本書由二十四篇散文組成，每篇粗估約五、六千字，分為二十一世紀全球經貿新局、租稅與產業、教育經濟、法律經濟、政治經濟、經濟學觀念的延伸六篇。相較於我們二〇〇二年所寫《經濟學的視野》一書，這一冊新著增加了十篇新文章、刪去了一篇舊作，也將所有章節做了回應時事的更動。以「教育經濟」篇為例，當年「廢高職」的爭議已不再受到關注，但教改的挫敗與通識教育的主題卻成為社會關注的新焦點，我們也順勢加以討論。此外，由於台灣的財政與租稅問題在近年日益嚴重，我們以兩篇長文予以剖析討論。在國際經貿環境方面，兩岸ECFA談判如火如荼，當然也是關心經濟的諸位讀者所必須了解的主題。

本書大部分的文章都相當淺顯易讀，至少它們都通過了我們好友、子女、秘書的檢定；也有少數一兩篇是有些深度的，讀者可能需要有些耐性，才能領略其中的觀點。但如果能讓讀者「細細咀嚼，回味無窮」，那也正是我們的期待。

如果將撰寫經濟散文視為一種社會服務，那麼我們小時候背誦的「青年守則」中看似八股的一句話：「學問為濟世之本」，確實給兩位作者相當的啟示。要寫好經濟散文的前提條件之一，就是作者對於經濟學的新知識必須有充分地掌握與了解。這二十四篇文章大都是由我們過去數十年來研究或接觸的主題所衍生，再將其中的技術性內容加以剔除，於是得到它們現在的面貌。我們不敢說這些文章中有多少新見解，但至少它們絕不是對各類經濟學文獻的機械式介紹。我們的目的固然是推廣經濟觀念，但是，我們也希望自己不只是扮演翻譯或收發的角色，而是能在推廣觀念的同時，加入自己經過融合的見解與詮釋。

我們長期從事教學、研究與某些社會參與的工作，故而更能深深感受到國家、社會或任何團體的進步，都與其中組成分子觀念的進步存在密切的關係。因此，對於載爵兄計誘入彀，我們也就不以為意，反倒還得慶幸有這樣的稿約壓力，可以讓自己在公務壓力之下還有些筆下抒發的機會。白天，我們往往被動地投注不少時間，簽註「枯燥無趣」的公文；晚上，我們卻願意主動將平時觀察的事例，愉快地註記在紙上。經濟學泰斗薩繆爾遜（P.Samuelson）在其著作的序言裡，坦承他對初唸經濟學學生的艷羨，因為只有他們才能體會首次接觸經濟學的喜悅與挑戰。我們在寫書的時候，每次寫到生動之處，心裡仍然有那種喜悅的悸動；非常希望讀者在閱讀之時，也能有類似的共鳴。

朱敬一　中華經濟研究院董事長
林　全　台灣大學經濟系兼任教授

二〇〇九年十二月

目次

第一篇

21世紀全球經貿新局

1 到底什麼是知識經濟？

2 網路經濟何「新」之有？

3 WTO與全球化

4 ECFA是什麼碗糕？

1 到底什麼是知識經濟？

二〇〇〇年，經建會召開了「全國知識經濟會議」，不久又推出「全國知識經濟推動方案」，而後民間也相繼湊熱鬧，成立了「民間推動知識經濟委員會」。此外，千禧年的報紙幾乎天天都在談知識經濟的推動。一時之間，知識經濟幾乎變成一種社會運動，「街坊人人奉行，孺子朗朗上口」。但是，十年來，台灣在知識經濟方面恐怕進展有限。我們相信，許多人其實不知道「知識經濟」真正的意思，也許有必要將有關知識經濟的觀念，向大家做一番淺顯介紹。

十年間經濟局勢劇變

麻省理工學院教授梭羅（Lester Thurow），在一九九九年寫了一本書，主標題是*Building Wealth*（中文書名為《知識經濟時代》），副標題則有Knowledge-based Economy（以知識為基礎的經濟）幾個字。這本英文書不是寫給經濟學家看的，所以一般讀者買來應該看得懂文義，坊間出版社也有中文的翻譯本。不過，很可能你看完之後「但曉文義、未悟精髓」，還是不知道什麼叫「知識經濟」。梭羅給知識經濟下的定義是：知識經濟是「以知識的創新、擴散、應用為基礎的經濟」。這定義講了以後似乎未必能增進讀者的認識。如果說右腳就是在左腳右邊的那隻腳，這樣的解釋並無助於我們的了解。這就是「但曉文義、未悟精髓」。

梭羅的書提到幾個知識經濟時代的特性。他說：在一九九〇年，全世界十大企業只有兩家是美國企業，到一九九八年，十大企業裡竟有九家是美國企業。如果以前二十五大企業來算，一九九八年時二十五家裡有二十家是美國企業。在一九九〇年，全世界十五大銀行沒有一家是美國銀行，但是，到了一九九八年，十五家大銀行裡有九家是美國銀行。簡言之，在九〇年代，美國的經濟地位快速地爬升。

若干年前台灣流行一本書：《日本第一》（*Japan as No.1*）。八〇年代日本經濟扶搖直上，彷彿未來盡是日本人的天下，大家都要跟日本人看齊，所以當時此書甚為暢銷。為什麼到了九〇年代末期，也就是十年、八年之後，整個看法會不一樣呢？為什麼美國反而佔有優勢呢？這十年中間發生了什麼事情？梭羅說，這是因為這十年中知識經濟扮演了重要的角色。

另外，梭羅還發現：從九〇年到九八年，美國所得最高百分之十的人，他們的平均所得增加了百分之十一；但是所得中位數，也就是所得排序百分之五十的人的所得，則降低了百分之四。所以平均而言，中間的人所得在往下掉，但是上面那群肥滋滋的富人的所得卻在往上爬，這表示所得在往一個不平均的方向走，這是梭羅觀察到的另一個現象，他說這也是知識經濟的影響。

知識改變生產技術

以下，我們先闡述知識經濟的意義，然後再說明何以知識經濟能解釋梭羅所觀察到的現象。經濟學上有個法則，叫做**規模報酬遞減**，它是什麼意思呢？假設你有一間工廠、二十五個工人，可以生產出y這麼多產量。假設你現在複製一間工廠也複製二十五個工人，於是你有兩間工廠、五十個人，也許你的產量能夠加倍，變為2y；如果你複製成三間工廠、七十五個人，也許你的產量就可以是3y。當我們將所有的生產要素複製若干倍時，如果產量也能等倍數增加，這就是「**規模報酬不變**」。但是在二十世紀末葉以前，社會上其實很少有規模報酬不變的事；絕大多數的生產都是規模報酬遞減，表示企業將規模加大兩倍時，產量的增加通常會不及兩倍。為什麼呢？這是因為**有些生產要素沒辦法複製的**。

以台塑為例：台塑有一位經營之神王永慶，他的企業也許有五間廠房、兩萬名員工，他現在要加倍，變成十間廠房、四萬名員工。但是台塑還有一種生產要素需要複製，那就是經營之神、管理者。但是「神」怎麼能複製呢？好吧，就算王永慶把自己複製，那個人叫王永在。所以十間廠房、四萬名員工、王永慶加王永在，產量果然增加一倍。如果台塑還不滿意，要再把生產投入加一倍，變成十五間廠房、六萬名員工，這就麻煩了！因為再複製下去，就只能請王文洋當管理者了。王永慶複製可以變成王永在，再複製就變成王文洋，一再複製下去就絕對沒有「經營之神」了！經營之神就表示他是神，所以王永在再怎麼能幹，也只是一個比神「小」一點的管理者，那麼王文洋也許就是神「開根號」。正因為有一些生產要素沒辦法複製，所以「規模報酬不變」是不可能存在的，一定會產生「規模報酬遞減」，這幾乎是古典經濟的鐵律。

可是，在「知識經濟」時代就不太一樣了，什麼是「知識經濟」呢？我們可以比較以下兩種生產方式：

（A）：（K，L）→Y

（B）：（K，L，H）→Y

一般而言，我們需要投入兩種重要的生產要素去產出產品，一種是資本K，另一種是勞力L。資本就是廠房機器，勞力就是員工技師，Y就是產品產量。（A）是傳統的生產模式，在工業革命以後也是這種生產模式。在（A）的生產模式下，經濟要發達，就是要不斷增加勞動、累積資本。

但是，知識經濟時代不一樣。知識經濟時代除了K和L之外，還多了一種秘密武器，叫做「**人力資本**」，我們把它寫做H，代表Human Capital，也就是知識，**是我們腦袋創造出來的東西**。這個東西慢慢在生產過程中扮演重要角色，使生產方式改為（B），就會改變剛才所說「規模報酬遞減」的法則。

為什麼加進一個知識就會改變這個報酬遞減法則呢？有兩個原因：第一，知識沒有排斥性（non-rivalrous）。我們複製一間廠房，這間廠房就只能夠給兩萬五千個人用。我們把一間教室空間加倍，頂多只能增加一倍的學生，沒辦法再給另外幾百個學生用，這表示廠房、教室等資本設備是有排斥性的。但是知識沒有排斥性；如果我們創新一個軟體叫做XP，能夠用它的人絕不只是兩百人、兩萬人、兩千萬人，它甚至可以給兩千億人用。任何人只要付一點錢，就可以買一個XP裝到你電腦裡，但那個錢往往是很有限的。所謂「知識經濟」，就是把生產過程中知識的角色加重了。由於知識沒有排斥性，它完全打破了以往規模報酬不變或規模報酬遞減的宿命。

知識還有另一個特性：知識越好的人越容易學新知識。你初中英文學得越好，越容易學好高中英文；你高中英文學得越好，越容易學好大學英文。你初等微積分學得越好，越容易學高等微積分。一個人如果有越好越快的電腦，他就比較能夠用這台電腦創新出更好的軟體。所以知識越好的團體、知識越高的國家，就越容易創新出新知識。這個現象本身就隱含了強者越強、富者越富的味道，越強的人越容易創新知識，越弱的人就越難創新知識。現在，我們大概了解什麼是「知識經濟」了，接下來則要說明知識經濟會產生哪些影響。

傳統產業的科技化

前文提到，知識基礎越好，其累積速度也越快，已佔先機者也越容易更佔先機。現代社會一旦提到科技知識，大概就會想到兩大走向，其一是電腦科技、其二是生物科技。但這並不表示在這些科技產業之外，傳統產業就沒路可走。我們姑且將電腦科技以位元（bits）代表，將生物科技以基因（genes）代表，那麼傳統產業就可以原子（atoms）代表。你如果要在電腦科技、生物科技領域拔尖，就要在這些領域裡多做努力。但是絕大多數知識經濟的內涵，卻不是在電腦與生技產業本身，而是在於位元、基因、原子之間的轉換與結合。

舉例來說，以前我們申請戶口名簿，要本人跑到區公所，填表格、繳費，再由承辦人找出檔案、影印、蓋章、最後交件。在網路資訊發達之後，你可以用以下的方式取得戶口名簿：在家上網，由網上提出申請。申請時電腦自動詢問並檢查你的個人資料，如果相符，那麼由戶政單位於電腦戶籍檔中下載你的戶口名簿，再以電子郵件傳送給你，收費則以信用卡賒扣。前述電子郵件可附帶電子簽章，以便收受該文件的單位複查其真偽。以上描述的過程，其實就是大家所說的**電子政府服務**（e-government）。因此，所謂電子政府，其實就是把原有申請戶口名簿過程中以原子完成的過程（例如，本人去區公所，填表格、繳費等），改為用電腦位元完成。

電子政府的內涵已如前述，電子商務也有類似的特徵。以前的人上街購物、瀏覽各式商品、比規格、揀樣式，顧客都是在耗用體力，商家也都要盡力舖陳商品，這些都是「原子」活動。但是在電子商務時代，這些原子活動都可以用位元來取代。將來的商品規格、展示、搭配等，都能透過網路，以位元傳遞到你我眼前。因此我們的商業活動耗用原子的機會減少了，使用位元的機會增加了，這就是不折不扣的**電子商務**。商業本身也許十分傳統，然而一旦與高科技結合，便成就了「高科技的傳統產業」。

再舉一個例子，以前治療糖尿病，得幫病人注射胰島素；這是「原子」治療法。如果將來的生醫知識告訴我們，糖尿病之所以會發生，是因為患者基因的第三六八二一序位有些瑕疵，但如果以雷射點擊該處零點四秒，就可以改正此序位瑕疵。於是，將來治療糖尿病就與原子無關，而是以改變基因的方式治療。這是生物科技的潛在貢獻，說穿了也只是將一些原子治療改為基因治療而已。

體力腦力角色轉變

在前述（A）的生產過程中，兩項主要的生產投入（勞力與資本）其實都是原子，既非位元也非基因。在知識經濟時代，知識在（B）的生產過程中扮演日益重要的角色，當然也會影響勞力與資本的相對地位。如果從傳統的角度來看，微軟的比爾蓋茲（Bill Gates）手下的員工人數並不多，他的資本、設備、廠房也很少，如果拿他去跟福特汽車比，蓋茲會輸得很慘。但蓋茲的財富卻是福特老闆的許多倍。蓋茲的財富絕對不是靠K和L，靠的是H，這些H都隱藏在他手下軟體工程師的腦袋裡。麥可喬丹（Michael Jordan）一九九九年年薪是三千六百萬美元，他一年打八十二場球，每場球可以賺四十幾萬美元。如果把四十幾萬除以一場球四十八分鐘，每分鐘大概一萬多美元，再算他一分鐘平均運球幾次，每拍一次就幾百美元進帳，這是一則網路笑話。但這則網路笑話最後一句話卻是：喬丹如果要賺到蓋茲這麼多的財富，他必須從娘胎生下來就開始打球，連續不休息打二十年！你可以想見蓋茲的財富是喬丹的多少倍。

喬丹靠什麼賺錢呢？他是靠L賺錢。蓋茲和喬丹的L能比嗎？蓋茲的身體脂肪量，按照人類平均數字來看，大概是百分之二十到百分之二十五，喬丹身上的脂肪只有百分之四。所以像喬丹這樣靠L賺錢的人，就算練成「瘦肉精」，他到了頂尖可賺三千六百萬，但蓋茲靠H賺錢，財富能大到不可思議。這就是知識經濟時代H與L角色的轉變。

科技研發專業分工

前文已經提到，知識經濟是以知識的創新、擴散、應用為主的經濟，但古時候也有「鑽木取火」、「活字版印刷」等新知識的研發創新與擴散，為什麼以前不叫知識經濟，現在才冠上新名稱呢？這個問題的答案很簡單：以前的研發創新大都是偶發的、間斷的，但二十世紀中葉之後，隨著大企業的興起，企業內部的研發部門逐漸分離出來，形成一支獨立的分工部門。在企業的研發部門或大學、研究院等研發機構中，研究發展（R&D）變成了部分員工的主要業務，於是研發的效率自然提升、成果自然推陳出新。此外，世界各國都開始給予研發成功者若干年的「專利權」保障，更增加了研發者的利潤誘因。

隨著「研究發展」日漸重要，社會上也逐漸拓展了一些相關服務業的空間。比如，專攻智慧財產權的律師，就會在知識經濟時代扮演極為關鍵的角色。由於專利權的取得必須以「從前未有相關類似技術創新」為前提，因此相關類似技術的認定、舉證等，都需要法律專業的協助。在實務操作上，專利的申請與保護更是充滿了爾虞我詐。美國有許多公司，歷年來申請了許多專利，但並不實際用在生產線上。他們這樣做的目的，只是因為這些「中間創新」往往是其他公司最終研發成功的必經之路。因此，申請許多中間創新的專利，只是為了設置「路障」，阻止其他人完成更好更新的研發專利。很顯然的，知識經濟時代也使得研發創新的競爭變得更激烈、更「奸歹」了。

規範社會難有創新

梭羅教授發現，美國在過去十年之中快速地追趕並超越日本，但究竟是什麼樣的制度，讓美國在這十年中知識經濟發展得那麼快？為什麼日本在九〇年時還如日中天，十年之後就不行了？為什麼他們在科技知識的研發、擴散、應用上比不過美國人？為什麼美國人在創新研究上那麼厲害？對此，梭羅也有一些解說。他認為，日本人是一個非常有「秩序」的社會，美國人是一個非常沒有「秩序」的社會。混亂的社會裡多元性比較強，混亂的社會裡也比較會有一些古怪的人產生古怪的想法，而科技創新就需要這種人；科技創新往往沒辦法在非常有「秩序」的社會裡產生。

社會如果要培養研發創新的氣氛，就必須從**教育改革**著手。許多人都感慨台灣高中生、國中生已經變成解題機器。解題機器有什麼不好呢？其實，解題機器就是一種思考的「秩序」，高中聯考、大專聯考就是升學的「秩序」，所有統一的東西都是秩序。在統一的社會結構之下，你就不太有野性去亂想、亂鑽。但是我們往往要亂想、亂鑽，才有可能產生研發創新。

當然，並不是說有野性的就一定會創新，那是必要條件但不是充分條件。然而如果我們完全不容許例外，一切都在秩序體制範圍之內，就不可能有多少突破。字典上「研究」二字的定義是「對於未知事實的檢證與探索」。既然是「未知」，就一定是傳統秩序裡沒有的東西，所以研發創新就是在追求一個傳統秩序裡沒有的東西。一個習慣於被知識約束的人，他是不太會突破的。台灣教育體系是最有秩序的體系，對研發創新而言，它卻是最糟糕的體系。

為什麼日本的經濟在九〇年代很成功呢？因為在（A）式的傳統生產結構下，為了要提升效率，就要將生產不斷地精緻化；而不斷精緻化是日本的文化比較擅長的。但是，在著重知識創新的時代，精緻化是沒有用的。知識經濟著重不斷地突破、改變，而突破、改變卻不是日本的精緻性文化所擅長的，反而是美國缺乏秩序的文化所擅長的。所以在一九九〇到二〇〇〇年知識經濟抬頭的時代，美國人抬頭了，日本人卻被比下去了。

此外，我們也要談一談知識經濟對公平面的衝擊。如前所述，知識經濟的時代是強者越強、富者越富，所以這是一個越來越殘酷的社會，而前述美國所得分配的惡化，也是肇因於此。

當激烈競爭慢慢發展下去，發展到這個社會沒辦法容忍，那時候再補救就來不及了。我們不希望社會的不公不義太嚴重，就必須要預先設想一些可能會面對的問題。

我們常用層級所得比去衡量社會的所得分配不均度。世界各國通常將家戶所得高低分為五等分，分別是「最低所得的二十%」、「次低所得的二十%」、……、「最高所得的二十%」。將最高所得那二十%家戶的平均所得，與最低所得那二十%的平均所得相比，即得「五等分層級所得比」。但這樣的五等切割太粗糙，看不出所得分配的惡化趨勢。比較精緻的做法，是將家戶所得切為二十等分，每組僅五%。然後，我們將最富有五%家戶的平均所得與最貧窮五%者相比，即得「二十等分層級所得比」。在一九九八年，台灣二十等分層級所得比為三十三倍，但到了二〇〇七年，該數字暴增為六十二倍，可見台灣最近十年所得分配惡化之快速。這樣的惡化趨勢背後原因複雜，但恐怕也與二十一世紀知識經濟的趨勢有關。

工具理性人權隱憂

為什麼經建會要用國家的力量去推動知識經濟呢？通常，我們不太希望政府介入一般的經濟活動，而希望讓市場去決定。但是在知識經濟時代就有些不同。一個知識如果能擴散得越快，這個社會就獲利越多。每個教室如果都有現成的電腦，當引進新軟體Windows XP時，那麼有電腦的教室都能獲利。因此若整個社會電腦遍布得越廣，引進Windows XP所創造的好處就越多。整個社會的軟體架構、資訊架構、科技知識的架構越普及，這個社會吸收知識的速度就越快。

知識擴散是好事，它的反面則是知識閉塞。當網際網路越來越發達時，絕大部分的知識與訊息都要靠網路來傳遞。如果台灣的某個偏遠山地村網路鋪設不及，那麼對那邊的居民與兒童而言，就等於剝奪了他們接受資訊的權利。以往新知識的產生並不頻繁，知識的傳遞也大都靠口耳傳授，所以「資訊受限」所產生的危害也許並不嚴重。但在知識經濟時代，剝奪一個人的受訊權，就等於是剝奪了他的基本受教權。也正因為如此，ＮＩＩ（national information infrastructure）建設的重要性也就格外凸顯；它不僅能改善資訊的擴散，也能維繫偏遠民眾的基本受教權。

最後，在科技研發講求搶先、拔尖的時候，科研的分工就會越來越細。因為分工越來越細，所以每個人做的工作就越來越沒有意義。一個人把自己那部分做得很好，卻與整個事情的目的沒有關係，社會學家韋伯（M. Weber）把這個現象叫做「工具理性」。在一個分工極細的社會，也許每個人都不太知道他在做什麼，但是每個人都在做很有效率的事情。拿教育體制來講，假設我們現在大家都在教威權崇拜與政治教條；如果有一個學校用最好的教材、最好的教法、最有效的教學評量，能把威權崇拜與政治教條的思想教得越好，那就是越糟糕的教育。忽略目的理性的危機，也就是在這裡。

科技研發過程中工具理性的問題其實是非常嚴重的。國內某單位同仁在研究果蠅的基因，知道某個基因是控制果蠅頭部生長的，也知道這段基因在某個觸媒改變之後，就能促使頭部生長、或抑制頭部生長。因此他們就用電擊的方法，把這段物質移植到另一個基因區位，這個果蠅就可以生長出四個頭；兩個頭在前面、兩個頭在翅膀上面。有些實驗者反正老闆叫他做什麼他就做什麼。老闆叫他做，他就用最有效的方法去做。而老闆真正的目的是什麼呢？如果老闆心中想的是一些科幻電影裡的恐怖情節，將來透過基因轉植而製造一些「沒有頭的人」，再把這些無頭人身上的器官切割下來販售，成為器官移植的「中盤商」，不是很可怕嗎？事實上，當生物科技研發越來越發達的時候，倫理方面的關切就越來越嚴重，這是一個極為嚴肅的課題，甚至可能造成人類的大悲劇。如果說知識經濟的發展有什麼危機，這危機恐怕與科技研發之缺乏目的理性，是隱隱然相關的。

2 網路經濟何「新」之有？

大約自一九九〇年起，網際網路（internet）的使用開始逐漸普及。隨著光纖與寬頻技術的開展，網路傳送訊息的速度也越來越快。由於傳遞速度加快，使得原本難以傳輸的彩色圖片、影音動畫等資訊，現在都能藉寬頻網路有效地傳遞，於是網路傳輸的內容種類也就大幅增加。在一九九五年，麻省理工學院媒體工作室的尼葛洛龐帝（Negroponte）教授在《數位革命》（*Being Digital*）一書中，就把前述網際網路在「技術面」的現有突破與未來發展，做了完整而詳細的介紹。Negroponte指出，所有與訊息傳遞有關的事務（包括傳真、印刷、新聞、書籍、雜誌、廣告等），都會在不久的將來發生重大改變，而改變的方向，大致而言就是會變得更「電子化」。

網路時代充滿了商機

比如說，原本每人每天也許要花半小時看電視新聞，而且往往會邊看邊罵，埋怨新聞中社會暴力畫面太多、國際新聞播報太少、主播「容貌美麗、播報結巴」、廣告充斥且切斷連續主題等等。但在網路時代，將來的新聞播報，應該是會往電子化與個人化的方向發展。每個人可以預先設定他所想看的新聞內容組合，分別自CNN、ABC、ESPN、BBC、中天等新聞來源，摘取適當比例的國際、體育、知識、社會等新聞素材。然後，再將這些新聞素材經過音容組合，每個主題分別由個人最喜愛的播報員虛擬播出，如此則既具視覺快感、也沒有結結巴巴的播報內容。果真如此，那該有多好！

然而前段所描述的，只是網路技術的可能發展；至於市場會不會出現前述的個人新聞服務，則是另外一個問題。如果大家都願意採用這樣的個人新聞服務，則因為市場大、利潤可觀，各個新聞頻道也都願意加入，提供的新聞素材也就多了（姑且稱這些素材提供者為頻道業者）。此外，組合各種新聞素材的專業服務，也會因為市場利潤的誘惑而加入（姑且稱他們為系統業者）。當加入服務的頻道與系統業者越多，彼此競爭之下價格也會降低，推出的節目也會更多樣化。於是，就會有更多的消費者願意購買個人新聞節目組合，它的市場於是更加擴大。當擴大後的市場能創造更多利潤，就能吸引更多系統與頻道業者加入，形成更龐大的個人新聞服務業。如此不斷反饋強化，最後會成就極大的市場規模。至此，尼葛洛龐帝所描述的個人新聞服務，才能在市場上穩定地出現。

貨幣演進的網路效果

前述這種「越多人採用個人新聞服務網，就使得服務網的內容越充實，進而吸引更多個人加入採用該網」的現象，就是俗稱的網路經濟現象（network economy）或網路效果（network effect）。表面上看，網路經濟現象似乎是伴隨著網際網路而來。由於網際網路在近十年蓬勃發展，也特別彰顯出網路效果的威力。有些經濟學者非常看好這種因網路效果而延伸的經濟活力，甚至以「新經濟」之名稱呼。在這裡，我們要提出一點澄清：雖然網際網路的發展是最近十年的事，但是網路效果的現象卻是自古即然，至少已經有幾千年的歷史，讓我們來看些實例。

依各個文化的歷史經驗來看，經濟交易最早所使用的貨幣，往往不是官定硬幣或紙幣，而是某種金、銀、銅之類的貴重金屬。但是到底一個社會最後會採取金或銀或銅做為交易媒介呢？要解答這個問題，就得先分析一下經濟個體的心態。我們想像某個小農牽著一隻小豬去市集，他也許是希望用這隻小豬換取一些諸如柴米油鹽等日常必須品。一般而言，小農很難找到「又想買小豬、手邊又有柴米油鹽」的交易對象。如果想要買小豬的人手邊沒有柴米油鹽，卻有一些金子，小農要怎麼辦呢？該不該「以豬換金」呢？

金子既不能吃也不能用，小農其實也不想要用小豬換金子。但是如果小農預知

「社會上很多其他人都願意接受金子」時，小農也就願意將小豬賣掉，暫時換些黃金在手邊，以便將來再用黃金去換他真正想要的柴米油鹽。同理，擁有柴米油鹽的人如果預知社會上有許多人接受黃金，那麼他也願意用柴米油鹽暫時換成黃金，將來反正也能以黃金換回他真正所想要的東西。因此，當社會上有越多人願意接受黃金，那麼任何個人也就有較高的意願接受黃金。如此反饋強化，最後，社會上絕大多數人都願意接受黃金，金子就成為經濟社會的共同貨幣了。前述這種貨幣接受演進的過程，不是網路效果又是什麼呢？

網路經濟的內鎖效應

不只金屬貨幣的演進有網路效果的現象，許許多多的總體社會現象自古以來也都有網路效果的影子。比如說，有些經濟學家就發現，許多商品集散地或都市的出現，都有顯著的網路效果。某廠商願不願意去新竹開一家公司，要看新竹相關的服務是否妥善、水電瓦斯是否穩定、國際聯繫是否順暢等等。如果許多廠商已經進駐新竹，那麼新竹自然有足夠的市場規模吸引相關服務業進駐，拉一條水電瓦斯管線大家分攤成本也很便宜，國際公司也願意跑一趟新竹以便一次接洽許多家公司。因此，當已然進駐新竹的廠商越多，新竹提供的許多服務就會更好。當新竹園區的服務越好，個別廠商就有越強的動機進駐，依此反饋強化而逐漸擴大，慢慢就形成一個新竹園區或都市區。新竹園區的形成如此，美國的矽谷也是如此，這都市形成的過程也反應出不折不扣的網路效果。

由前面一兩個例子的描述，讀者當能了解：網路經濟是動態、累積、緩慢形成的。一旦動態累積到足夠的能量，乾坤底定，就很難扭轉情勢了，這種現象稱之為**網路經濟的內鎖（lock-in）效果**。以前面所舉的例子來看，一旦黃金已經變成大多數經濟個體所接受的金屬貨幣，我們就很難改變大家的習慣與預期，叫大家「不要接受黃金、要接受白銀」。同理，一旦矽谷已然變成高科技產業群聚之處，我們就很難叫大家「不要去矽谷、改去別的地方設公司」。每個經濟個體面對網路效果，都是相當渺小的；他們為了節省成本，總是希望去「已然很有效率」的地方，或是接受「已然廣為接受」的金屬貨幣。我們很難要求任何個人單獨的逆勢操作，而人同此心、心同此理，每個人都如此思考，自然造就了網路經濟的內鎖效果。

內鎖效果的另一個涵義是：往往決策者在發現不對勁的時候，已經來不及抽身了。即便我們發現甲地有斷層且地震風險高，不適合做為商業群居地，但是如果有成千上萬的人已經聚集在甲地，那麼我們也許只能眼睜睜地看著甲地擴展而愛莫能助。美國舊金山市碰巧落在大斷層上，地震風險極高；如果能重新規劃新都市，那麼舊金山可能並非上選。但是現在若要舊金山「遷市」，幾乎是不可能的事。

二〇〇八年諾貝爾經濟獎得主克魯曼（Paul Krugman）的重要貢獻之一，就是將網路經濟引進空間區位的經濟決策。克氏不但能解釋科學園區的形成，也能解釋諸多家具「域」、美食「街」等類似商家群聚的現象，總稱之為「**聚落經濟**」。以往，經濟地理是一門冷門科學，在各大學經濟系並不吃香。但在克魯曼大力提倡之下，經濟地理大有鹹魚翻身之勢，似乎又找到了著力點。

打字鍵盤的滄桑史

此外，英文打字機的鍵盤設計也是另一個很有名的例子，足以呈現內鎖效果可能帶來的不效率性。在兩百多年前打字機剛發明的時候，打字的機械原理還是很原始的。打字者將手指按在鍵盤上，鍵盤於是帶動字柄，將字柄投印在前方固定的紙張上。但由於在紙張上打印前後英文字母的落點很接近，所以先後投印字母的鐵柄，就很容易在紙張之前彼此卡住。比如說，「am」這個字如果鍵入a與m太快，則a字鐵柄就會與m字鐵柄在紙張前「打架」；打字人此時必須將兩隻鐵柄輕撥歸位，再接下來打其他的字。

為了避免前述卡字，最早設計鍵盤的人，就要設計一種「避免人們打字打得太快」的鍵盤，以免打字人動輒暫停、撥下卡柄。於是，鍵盤設計者把最常用的母音「a」擠到左手小姆指按起來很不方便的角落，而「s」、「l」等常用子音，也擠到很不方便的無名指位置，目的就是讓你我「沒辦法打得太快」。當越多人使用這種鍵盤的時候，漸漸的它成為標準規格，於是廠商逐漸以它為生產標準、新學打字的人也傾向用它做練習標的。兩百年後，市面上已經再也看不到其他的鍵盤了。

但鍵盤設計人當初沒有想到，如今所有的打字都是用電腦。電腦沒有字柄，自然也沒有字柄卡住的困擾。按理說，我們應該希望有一種「能打得更快」的鍵盤才對。但是很不幸的，舊的打字鍵盤已然完成內鎖，成了標準規格，恐怕再也改不了了。因此，沒有一家廠商敢去生產一組「沒有人習慣其用法」的新鍵盤，也沒有人會去學習一種鍵盤不存在的英文鍵法。即使舊鍵盤速度慢，非常沒有效率，看樣子我們也改變不了現狀。

除了打字機鍵盤之外，亞瑟（W. B. Arthur）教授指出，核子反應爐的設計、汽車引擎的選用、VHS與BETA影帶規格的採擇，都也曾因為歷史偶然而誤往一個沒有效率的方向發展。久而久之，內鎖效應卻使這種發展無法回頭，大家都感到遺憾，卻也無力回天。

物種演進的網路效應

前述的幾個例子——城市興起、貨幣演進、鍵盤採用——都刻劃出網路效果在人類文明演進中持續扮演的角色。其實，網路效果不僅影響人類文明，而且也影響環境生態。有一些環保學者發現，在兩百年前，做為人類主食的植物物種（如不同類型的米、麥）仍有千餘種，但到了二十世紀末，絕大多數的主食物種都消失了，只剩下約數十種主食物種殘留。從生物多樣性（biodiversity）的角度來看，這種物種滅絕的現象絕不是件好事。於是有些環境經濟學者就開始探究：為什麼主食物種在短短兩百年之間會產生這麼大的滅絕變化呢？

假設原本我們所食用的稻米有甲、乙、丙三種。有一年，某個農化學家發現了一種農藥，專門克制乙品種所附隨的病蟲害。市場上由於乙品種蟲害較少，於是較多的農民改植乙品種。當乙品種市場佔有率上揚時，表示研發乙品種植栽改善的市場報酬率提升，於是有些原本做甲、丙品種植栽改善的研發公司，也開始改做乙品種研發。當許多人都去改善研發乙品種時，乙品種的植栽效率確實也會改進，從而吸引更多的人栽植乙品種。長此以往，反饋力量慢慢加強，栽植甲、丙的農民將日漸減少，甲、丙品種也就漸漸從生物圈消失了。最後，不但許多農民早已習慣於乙品種的耕作，而即使想叫他們改作已然消失的品種，當然更是不可能了。這不也正是一種網路效果嗎？T. M. Swanson教授發現，農產品主食生物多樣性的降低，確實就是肇因於前述網路效果。

更張必須要掌握先機

正因為網路經濟有前述內鎖效果，如果我們想要改變經濟社會動態演變的走勢，就必須要及早更張，否則一旦錯過時機，想再怎麼努力改，恐怕也會來不及。夏培洛（C. Shapiro）與韋瑞安（H. Varian）兩人在他們的著作《資訊經營法則》（*Information Rules*）中就指出，《大英百科全書》因為自恃老大、反應遲鈍，當年被微軟公司修理得很慘。《大英百科全書》一向以紙本發行，每套訂價高達一千六百美元，好不風光。後來，微軟公司以低價買下另一家名不見經傳的百科全書版權，掃描其內容後，以光碟版出售，每套售價約五十美元。即使這兩種百科全書品質有些差異，但兩者的價格差異實在太大，消費者不可能願意付這麼大的價差去填補常人無從體會的內容差異。大英百科全書公司所犯的錯誤，就是低估了光碟磁片市場的遠景，被微軟搶得先機，失去大片市場。萬一微軟再將百科全書中的部分內容與其他相關網站連結，隨著銷售日廣，逐漸建立了該版光碟的「規格」地位，那麼大英百科再想挽回它的領先局面，就難上加難了。

爭搶規格地位，有什麼訣竅呢？有的！簡單地說，對於有網路效果、有潛在規格傾向的產品，要「**忍小圖大**」，不要急於在短期獲利，而要在初始時期，以低價「誘拐」足夠多的客戶上鉤。等他們上鉤之後，網路效果漸能發威，市場越養越大，消費者就越難脫身了。那時候，廠商也許就會推出相關的高價產品，狠削一頓消費者。所以**短期利潤不重要，誘騙入彀最重要**。

再以前一陣子吵得很激烈的「拼音」問題為例，從國際接軌的角度來看，結局似乎已然內鎖確定，台灣基於文化或其他因素考量下所做的任何努力，恐怕都不容易改變情勢。台灣內部固然有採取「漢語拼音」與「通用拼音」兩種選擇，但由於國際社會幾乎一面倒地接受漢語拼音，使得任何國家在考慮拼音接軌的問題時，也不得不因應改變。比如說，如果台灣的研究者透過網際網路，想查詢加州大學一批漢籍典藏，我們在此地以台灣使用的拼音系統，將漢字轉為英文字母輸入，透過網路傳到加州大學時，那邊就應該有一種拼音法則，將接收到的英文字母再轉為漢字。要成功完成兩地的傳訊，兩地的拼音系統必須相容才行，否則一地的輸入卻成為另一地的亂碼，查書也查不到自己所要的結果。因此，如果全世界大都採用了漢語拼音，任何一個國家都不容易單方面扭轉局勢；這就是拼音系統的網路效果。如果某國一定要採用甲種拼音系統，那麼在考慮接軌問題時，該國就必須要在終端使用者那裡，建立「甲拼音系統與漢語拼音系統」的接軌軟體。總之，當網路效果開始發威時，它與意識型態其實沒什麼關係，純粹只是「形勢比人強」而已矣。有些國家的圖書館最近改變他們使用了幾十年的漢籍查詢拼音系統，換成漢語拼音，也是在考慮接軌問題後所做的決定。

網路經濟何「新」之有？

如前所述，我們知道網際網路效果具有內鎖、可能隱藏著不效率性、要改變必須趁早等特性。有些人鑑於這些網路特性，就認為網路經濟蘊藏著新的法則、新的趨勢、新的經濟秩序。然而由以上的分析可知，「網路效果」它的存在已有相當一段時間、它的適用性也很廣大，不僅未必與網際網路扯上關係，也實在沒有什麼「新義」可言。充其量，我們只能說網際網路的快捷傳輸加速了網路效果的發揮。哈佛大學管理教授波特（M. Porter）指出，他實在不認同「網路發展造就新經濟」的說法。柏克萊大學資管教授韋瑞安也指出，即使在網路時代，絕大部分的經濟法則仍然是不變的。也許前述的分析，可以讓那些盲目熱衷於所謂新經濟的讀者，有一番新的思考。

3 WTO與全球化

二〇〇一年十一月，中國大陸與台灣先後獲准加入世界貿易組織（WTO），媒體對此也大幅報導。很不幸的，在我們任教的大學之中，有些學生連WTO三個字母是什麼的縮寫都弄不清楚。WTO是Write a Terrible Opus？是World Terrorist Oligarchy？是Why Trust Others？是Win Two Oscars？如果將這些組合給一般人當多選題，恐怕還有不少比例的人會選錯呢。

多邊協商與彼此適用

WTO（World Trade Organization）的前身是國際關貿總協（GATT），成立於一九四七年。而後，其會員組織不斷增加，終於在一九九五年改制成為WTO。WTO的精神，就是以「多邊」協商的方式解決會員國之間的貿易紛爭。所謂「多邊」，是指如果甲、乙兩國達成一些關稅減讓或貿易優惠的協議，那麼甲、乙以外的所有其他會員，都可以要求與甲或乙國比照適用。如此，甲、乙之間雙邊的協定，就自然成為甲、乙分別對丙、丁、戊……眾多會員之間互相的協定；這就是

WTO多邊協商的精神。多邊協商的目的，就是要去除國與國之間的「大小眼」，也使得任何一名會員所面臨的貿易環境都趨於一致，而各會員對貿易的干預也希望能逐漸降低。

當國家面對較為一致且極少政府干預的貿易環境時，其經貿行為會有什麼改變呢？我們如果打個比喻，讀者就相當容易了解國貿行為的癥結。其實，國際貿易與人際貿易的理念是相通相容的。任何一個人（例如某甲），之所以會決定從事電腦軟體設計這份工作，一定是因為他的電腦知識比較犀利，有一些別人不太比得上的本事。相對而言，社會上有一些其他的人，也分別在種菜、製衣、做床、開車方面有他的技巧或優勢。所以當某甲決定以電腦為專業時，他就能用賺來的所得，去購買其他食、衣、住、行方面的必需品。同理，別人也會在食、衣、住、行等其他方面選擇專業，再以賺來的所得，購買他們所需要的電腦等物品。這就是所謂的社會專業分工。

在國家與國家之間，其專業分工的概念並沒有太大的不同。有的國家盛產上好葡萄，於是擅長於葡萄酒、葡萄汁的生產，外銷給其他國家，再以所得購買他們國家需要的其他商品。有些國家科技水準極高，擅長產製高品質的汽車，於是專業於汽車的製造與外銷。這種國際間專業分工與互相貿易的形勢，其實與一個社會之中人與人之間的專業分工與貿易，在概念上是相似的。

國民待遇與關稅原則

如果真的要分析國際貿易與人際貿易的差別，也許就在於：國際貿易中交易的障礙比較多，而區域社會中交易的障礙比較少。在一個小小的社會中，人際貿易的背景環境比較小，所以在交易時，交易者的交通成本或運送貨品的運輸成本都比較便宜。以台北市為例，二百六十三萬人口中總有若干善於製鞋、專業製鞋者，向其他人販售皮鞋。你我之中或許也有對製鞋略微專精的；對這些人而言，他們就必須比較「是自己做鞋來穿划得來，還是去買鞋來穿划得來」。買鞋來穿是不是較划算，就要看專業製鞋者的售鞋處在哪裡？買鞋往返的交通成本是不是太大？而貿易環境的大小，在此就扮演了重要的角色。台北市很小，交通成本不高，如果專業製鞋人都在市內，搭捷運往返十分便捷，當然是買鞋比較划算。但如果貿易的背景是世界市場而不是台北市，專業製鞋的是義大利的名牌Ferragamo，而台北、義大利之間運輸成本極高，那麼即便義大利製鞋較台灣專業且便宜，也未必能彌補兩地之間的運輸成本。如果從義大利進口皮鞋，在運輸成本之外還要付上大筆關稅，那麼進口就更划不來了。於是，當貿易的成本或障礙很多時，台灣就可能有若干民眾仍然選擇不要向義國進口皮鞋，寧可自製自銷。

WTO的另一項規範，則為國民待遇（national treatment）。所謂國民待遇，是指國外的商品一旦進入本國國境之後，即可享受本國商品完全相同的待遇，不能受到本國在租稅、環保、運輸、規格等方面的歧視。例如，台灣對引擎容量三千CC以下的小汽車課貨物稅，那麼此課稅規定必須對國產車與進口車一視同仁，不可以對他國商品在稅率或稅級上有差別待遇。又如，各國對藥品販售都有若干規範，但這些規範也不能對不同國家的製藥廠有歧視，必須一體適用。

如前所述，全球國際貿易的活絡程度與運費、關稅等貿易障礙的大小關係密切。WTO之中各國不是不能訂定關稅，但都有個限度，也希望慢慢削減。對於關稅以外的其他貿易障礙（例如進口配額、出口補貼等），WTO都傾向說服會員國儘可能取消，這就是所謂的關稅原則。所以在WTO所代表的全球化過程中，最明顯的指標就是運輸成本的降低與貿易障礙的逐漸排除。運輸成本的降低當然有一部分是源於航空與海運的發達，但也許更重要的原因，則是近年來網際網路的普及。

網際網路助長全球化

以外文書籍的運銷為例，在以前，一本英國出版的雜誌如果要以海運送來台灣，至少要一個月；而即使用空運，經過上櫃下櫃、陸空接駁等折騰，恐怕也要一週，才能由出版商送到經銷書架上。但是現在，這些雜誌內容可以用網路由英國電傳至台灣，再由台灣的代理商直接下載、製版、印刷；如果真要趕工，過程可以壓縮在幾個小時之內。不但雜誌的運輸如此，書籍、報紙、期刊等等，只要它的內容可以用電子位元表達的，都能透過網際網路傳輸，大幅降低運輸成本。大致而言，幾乎所有的知識都可以非常方便的利用網路廣泛的傳遞。此外，專家估計在二〇一〇年「電子書」就能普遍上市，屆時連地區性的印刷都可以省略，不但省下運輸成本，更省下印刷成本。

一旦知識與資訊在世界各國的流傳廣泛了、普及了，那麼全球各地之間與知識資訊有關的藩離就大幅降低。更重要的是，網際網路使得每個人接觸其他國家文化與知識的機會改善，彼此了解與認知也會增加。當學生要寫報告或商人要下單訂貨時，他們可以立刻由網路準確地獲悉世界各地、各市場的資訊，於是分析將更為深入，不確定因素也將減少，貿易機會自然也會增加。

如前所述，網際網路的拓展與運輸成本的下降，一方面促進了國際間的溝通，另一方面也縮小了世界各國之間的距離，形成「天涯若比鄰」的現象。如果台灣的農民原本還能存活，但在全球化之後，很可能美國人種植生產的成本更低，那麼台灣的農民就不得不轉業改行了。這一類的產業調整，可能潛藏很大的社會成本。除非其中有國家安全之類的考量（例如，台灣必須有若干農業自給的能力），那麼全球化之後若干轉型在所難免，這些成本終將是社會必須面對與解決的。

另一方面，由於網際網路的傳輸都是使用英文，各個國家即使能在終端機加裝一個轉換英文與自己所用語文的軟體，仍然無法改變以英文傳遞的主流趨勢。久而久之，英文自然會變成國際間日益強勢的語言。這種強勢語言會不會進一步成為「規格語言」，打壓或消滅其他的弱勢語言及文化，就是許多人所擔心的。這裡的問題擴大來看，就是「全球化」與本土文化的潛在衝突。

語言一定要「常用」才不會被淘汰，不常用的語言，久而久之就會在社會中消失。在二〇〇七年的《自然》雜誌上有一篇文章，探討英文動詞的演進。大家都知道，英文動詞分為規則動詞和不規則動詞。不規則動詞要硬背，沒有公式可循，理應會被淘汰。語言學家認為，語言的演進應該朝著有效率的方向進行，因此，冗長的英文單字很少，筆劃繁複的中文字也越來越少。有學者以過去一千年來的英文動詞做研究，結果發現一千年前約有一百七十七個英文不規則動詞，到了中期卻減為一百四十五個，現在只剩下九十八個。由此可見，不規則動詞確實在減少。然而有些不規則動詞仍被保留下來了，例如be、have、do、go、say、can、will、see、take等，這些不規則動詞都是最常用的，可見「常用」可以對抗語言的效率取向，越是常用的不規則動詞越不容易被淘汰。小說家黃春明也曾感慨，小時候鄉下孩子都跟著大人自己製作風箏，牽涉到的動詞包括劈、剝、燒、捲、糊、貼、彎、綁、繫等等。但在全球化之下，風箏全由中國大陸代工，台灣孩子想到與風箏相關的動詞，就只剩下一個「買」字，好不令人感傷。

對文化與經濟的衝擊

前文也提到，「天涯若比鄰」除了衝擊產業之外，也會對文化、藝術等本土創作帶來衝擊。例如，在面對開放且優勢的西洋文化作品時（在媒體強化之下），恐怕會有一些本土藝文創作者因為需求環境壓縮而無法存活。當然，有一些藝文創作在開放環境下無法存活是因為他們「不夠好」；但顯然也有一些好的創作，會純然因為不敵世界文化的大軍壓境而萎縮。

這裡，我們就面臨一個明顯的兩難。一方面，任何的本土文化都是多元文化的一支，而多元文化「本身」就是價值；它不必然要以市場中優勝劣敗的競爭模式來取擇。世界上各個先進國家都對其原住民文化予以保護，避免他們在移民強勢文化中消失，也是基於同樣的考量。但另一方面，我們即使要保護本土文化，是否要採取「拒絕開放」、「抵拒外來」的方式，恐怕也值得商榷。其實，有許多現在的「本土」，在當初也是「外來」。所以，用排拒外來的方式去實施本土的保護，不但與文化多元發展的旨趣不合，也有發展成為「井底之蛙」社會的危險。所謂兩難，意指「完全開放，則不利本土文化的保存；限制開放，則不利多元文化的吸收」。兩難之間要如何拿捏，確實很不容易。

全球化的另一種危機，是來自價值觀的扭曲。WTO主張拋棄貿易障礙、開放自由市場等等，都是希望建立一套市場秩序。但任何一種秩序都會有這種秩序下的相對獲益者。一般而言，在WTO的市場秩序下比較能獲益的，應該是經濟強權國（這也就解釋了為什麼他們如此努力地推動WTO）。如果大部分的紛爭都要靠一個一元化的秩序體系去解決，那麼，當紛爭解決方向與強權國的利益相牴觸時，它的結果就未必理想了。也許全球暖化與生物多樣性（biodiversity）議題就是最好的例子，後頭我們再詳細闡述。

全球化下的強權陰影

美國有許多環保學者都曾經先後提出建議，希望中美洲、印尼等國家能夠減少砍伐熱帶雨林，以緩和生物多樣性的降低。但中美洲與印尼的學者卻說：（一）我們伐林增加耕地是為了眼前的生存；所伐林木製品也多半外銷到歐美；「生物多樣性」對你們強權國很重要，但對我們開發中國家卻太遙遠了。我們國家砍伐雨林，關你什麼事？（二）生物多樣性的降低多少也與全球暖化有關，而暖化的首謀就是美國與西歐等先進國家。這些國家二百年來不斷排放大量的溫室氣體，迄今卻連攸關臭氧層保護的二氧化碳排放管制都不肯降低，又憑什麼要管我們雨林的問題呢？（三）我們國家伐林耕地，已經有上千年歷史，從來沒有「環境」問題。但是你們強權國家教我們用殺蟲劑、耕耘機，才使得生物多樣性大幅下降，今天憑什麼回過頭來管我們的農業呢？

從經濟的角度來看，WTO排除了諸多貿易障礙，使得地球變小了，國界變模糊了，一切的經濟競爭都更直接、更容易產生優勝劣敗的結果。開放經濟競爭當然較能提升生產運銷的效率，使得差勁的廠商被淘汰出局。但是像全球暖化、生物多樣性降低、熱帶雨林砍伐等等當下重大全球議題，偏偏都不是地區之內的「效率」議題，而是地區與地區之間「外部傷害」議題。就像污染一樣，污染者對被污染者的外部傷害可能沒有辦法靠自由市場解決，往往只能由政府以課稅或強制的手段予以矯正。問題是，國際之間要對某些國家施以強制作為或課以稅賦，真是談何容易！若以二氧化碳污染排放而言，如果主要排放者是美歐強權，因而要向美歐大國課稅，那就更是難如登天了。WTO只能促使各國去除貿易壁壘，卻無法要求大家跨越國家主權界限。然而像全球暖化之類的議題，卻注定是超越國家層次的。總之，WTO開放了市場，促進了市場機能，但是對於公共財與外部性等市場失靈的重大關鍵全球議題，卻又愛莫能助。

長期利益與短期調整

此外，雖然排除干預、開放市場有助於提升經濟效率，但畢竟那是中、長期才會發生的事。在短期，在新的WTO經濟秩序下許多喪失競爭優勢的人，就必須受訓、轉業、調整，忍耐極大的痛苦。一般而言，願意推動新經濟秩序的人，往往是新秩序下立即的獲益者。例如，美國一向鼓吹自由貿易，尤其對降低他國農產品關稅、打開他國農畜市場不遺餘力；這多少是因為老美地大，農業生產的成本極低，也當然是農產品開放貿易後的最大獲益者。相對而言，台灣在若干高科技產品方面極具競爭優勢，而進入WTO後他國對這些高科技產品的貿易障礙少了，也會有利於這類產品的外銷與成長。經濟理論告訴我們，開放自由貿易後，交易各方「中長期的總體利益」一定會增加，於是社會上自然會有較大多數的人贊成貿易開放。

然而中長期利益與短期利益不同，總體利益又與個別利益有別。中長期總體利益增加，並不表示短期之中某些人的利益不會受損。台灣社會最好要對此有所認識，以免在加入WTO後產生認知的落差。

對台灣而言，加入WTO當然還有一點非關經濟的期盼。長久以來，台灣被阻絕於聯合國與其他重要國際組織之外，幾乎沒有國際發聲的機會。所幸WTO是以「獨立關稅經濟體」為參與單位，我們也因此而能突破中共的封鎖，歷盡艱辛之後加入。此外，兩岸關係在過去幾年形同冰凍，有些人也希望將來透過WTO的機制，能與對岸開展一些對話的機會。關於這非經濟考量，也許只能算是一種憧憬；到底能在一個經濟組織中玩出多少非經濟花樣，恐怕只有不懂經濟的人才能想像。二〇〇八年後兩岸關係有所緩和，也許這一方面的顧慮就會逐漸減少了。

4 ECFA是什麼碗糕？

我們在談WTO那章提到，一九四八年成立的關稅暨貿易總協定（GATT），是當年規範世界貿易的主要機制。GATT標榜在多邊的架構下，以最惠國待遇原則推動貿易自由化。任何會員的貿易措施，必須對所有成員一體適用，不可以有歧視性的差別待遇。

不過在GATT條文中仍然對於雙邊優惠貿易協定預留了空間。在GATT的第二十四條特別對成立關稅同盟（Customs Union, CU）及自由貿易區（Free Trade Area, FTA）有所規範。不論是關稅同盟或自由貿易區，區內的國家可以互享優惠待遇，但卻不適用於區域外的國家。GATT第二十四條原則上允許這種例外，但必須在符合相關的條件下才可以實施。當時由於仍然以多邊架構為主，區域貿易協定屈指可數，所以並沒有引起太多的注意與討論。

區域主義的興起背景

在美國的主導下，GATT到一九九四年為止一共推動了八次的多邊貿易談判，大幅降低了世界貿易障礙，對世界貿易的成長有很大的助益。不過，在一九八六年，ＧＡＴＴ舉行的第八次烏拉圭（Uruguay Round）談判進展不順陷入膠著，使得美國感到不耐；再加上當時歐盟整合迅速、成員不斷增加，美國開始由支持多邊轉為多邊雙邊並重，在一九九四年與加拿大、墨西哥簽署了北美自由貿易協定（North American Free Trade Agreement, NAFTA）。這是除歐盟之外，全球規模最大的區域貿易協定，對於爾後區域主義的擴張，具有重大的意義。雖然ＧＡＴＴ烏拉圭回合談判在歷經八年後，終於在一九九四年落幕，ＷＴＯ也在一九九五年順利成立。但是，世界上各國均已體會區域貿易協定的重要，紛紛投入區域經濟整合。特別是ＷＴＯ在一九九五年成立之後，新回合談判延宕，更助長了區域主義的興起，區域貿易協定的數目，呈現大幅的成長。

究竟區域經濟整合所產生的經濟效果為何？大致來說，由於區域貿易協定對成員及非成員關稅的差別待遇，所以會產生貿易創造效果及貿易轉向效果。**貿易創造效果**是指在區域整合之後，由於關稅的消除，生產成本較高的國內生產，被其他會員的進口品所取代。**貿易轉向效果**則是在區域內互免關稅後，原先由非成員進口的產品被成本較高的成員進口品所取代。所以由效率觀點而言，貿易創造效果可以增加福利，而貿易轉向效果則只是零和賽局，一國得利但另一國卻受害。

一九九〇年代以來，區域貿易協定的數目明顯成長，區域主義逐漸興起，大家開始關心區域主義對於多邊主義的影響。特別是區域主義是否會侵蝕到多邊主義，還是區域主義可以與多邊主義發揮互補的作用。主張區域主義可以與多邊主義互補的理由是：多邊貿易自由化由於涉及國家眾多，不容易達成共識，影響推動自由化時程。區域貿易協定則由於涉及國家少，而且成員可能在地緣、文化與經濟上關係密切，所以比較容易形成而有助於經貿自由化。

至於主張區域主義與多邊主義互斥的立場則認為：各國競相投入區域經濟整合，將會使多邊經貿自由化更不易達成。雖然WTO規定成立區域貿易協定不可對非成員建立更高的貿易障礙，但實際上並非如此。貿易協定對於原產地的諸多規定成為區域內諸國適用優惠關稅的條件，它的目的原為防止非成員將商品繞道而享用優惠（詳見後述），但結果卻是更加阻礙了區域內與區域外間的貿易。再加上原產地規定的複雜化，使得FTA的管理成本、貿易的交易成本大幅提高。

綜合來說，在區域貿易協定下所產生的貿易創造及貿易轉向效果，究竟何種比較顯著，在實證研究結果也沒有一致的結論。但是，當世界其他國家紛紛投入區域整合，而台灣卻被排除在外、再加上WTO多邊談判進度停滯下，那麼台灣可能無法先行享受區域主義與多邊主義互補的利益，必須先承受區域貿易協定的負面影響。所以，台灣積極參與區域經濟整合，有其客觀必要性。

近年來FTA在數目上不但大幅成長，而且在內容上也有很大的變化。一般

ＦＴＡ是以關稅減讓的商品市場開放為主，但由於若干議題（例如，競爭政策、勞工議題、環保議題）在ＷＴＯ架構下推動遇到阻礙，所以有時也會納入雙邊ＦＴＡ的內容。除此之外，一些ＦＴＡ也觸及服務業開放、投資、貿易便捷化、智慧財產權、技術合作與環保等多個項目，並特別強調建立成員之間密切經貿合作關係，這與傳統ＦＴＡ明顯不同，所以有些國家開始以其他名詞取代ＦＴＡ，以彰顯這是範圍較廣的ＦＴＡ。

ＦＴＡ的名稱與形成模式

目前較常見的名詞，大部分出現在亞太地區的區域貿易協定。其中ＣＥＣＡ主要見於東協對外的區域貿易協定，例如東協與中國，東協與韓國的ＦＴＡ均是用全面經濟合作協定（Comprehensive Economic Cooperation Agreement, CECA）的名稱。日本對外的ＦＴＡ則統一以經濟夥伴協定（Economic Partnership Agreement, EPA）稱呼。另外，有些協定也會使用更緊密經濟關係貿易協定（Closer Economic Relations Trade Agreement, CERTA），例如澳紐的協定就屬於這類。不過目前仍有許多國家，例如美國目前仍然沿用ＦＴＡ，但涵蓋的項目非常多，並不少於亞太地區的區域貿易協定。所以單就名稱未必能夠反應出ＦＴＡ內容的差異，仍須視協定實際的內容而定。

至於FTA形成的模式，簡單說來大致分為兩種，第一種是採取一次到位，也就是雙方就所有議題達成協議後才正式簽署FTA，例如美國、歐盟及日本的FTA都是採取這種模式。第二種方式則是採取逐步到位的方式，先簽署架構協定（Framework Agreement），確定未來FTA的內容，再分別簽定各項議題。不過無論採取何種模式，均須遵守GATT協定第二十四條的相關規範。

綜合以上的說明，兩岸未來建構區域貿易協定，使用何種名稱並不重要，必須檢視所涵蓋的實際內容，才能進一步確認可能的影響。其次，由ECFA（Economic Cooperation Framework Agreement）的名稱來看，未來兩岸區域貿易協定是採取逐步到位的方式，雙方先簽署架構協定再洽談細項內容。所以從這角度來看，ECFA可以視為FTA的前置協定。

ECFA對未來產業的影響

在台灣該不該簽ECFA的討論中，研究者常用電腦模型去估算將來關稅減讓的衝擊與後果。這顯然是該做的工作。但是，就ECFA的整體評估而言，這樣的模擬估算只能算是二十%的工作；其餘八十%的效益評估都不會在這個模擬數據中呈現。這背後的重要環節，值得加以解說。

兩岸簽署ECFA當然是著眼於「未來」，但所有能做電腦模擬的產業，絕對是「現有」產業。未來產業現在還沒有出現，缺乏資料的情況下，哪有可能做電腦模擬？舉個例子：行政院六大新興產業中有一項是國際醫療。就實務來看，國際醫療最大宗的可能客源，當然是地緣近、所得高的中國大陸人民。目前，台灣的國際醫療業務量微乎其微，既然兩岸要談ＥＣＦＡ，將來台灣在國際醫療這一塊，究竟希望與對岸達成什麼樣的服務業合作模式，當然是現在該談的。

同理，行政院如果要推動文創產業，當然也不會自限於兩千萬人的台灣市場，而會著眼於十幾億人口的華人文化市場。那麼台灣文創業希望與對岸有什麼樣的合作，也就自然是ＥＣＦＡ可以著力的地方。依此類推，生物技術、品牌農業、綠能產業、觀光發展等，也一定有許多值得與對岸洽談的互惠題材。目前電腦模擬絕大多數的目標都放在工業產品的降稅，缺少服務業、欠缺「未來」視野。

ＥＣＦＡ對直接投資的影響

除了新興產業，究竟ＥＣＦＡ還可能會有什麼未來的影響呢？我們認為ＥＣＦＡ對未來投資活動，會有相當顯著的影響。實際資料顯示，世界各地完成貿易結盟後，其結盟國所吸引的直接外人投資（foreign direct investment, FDI）的數量均暴增。這個效果與進出口貿易量無關，也不是一般學者計算的電腦模型所能刻劃。

國際貿易是為了互通有無，貿易雙方專業生產自己有具相對優勢的產品，再將產品與其他國家交換。但是「生產」往往需要機器設備，所以生產前置階段的設備布建就是投資。如果國家與國家間的貿易障礙重重，那麼原本因甲國成本低而理應在甲國生產的X產品，可能因為關稅等貿易障礙，而不得不在他國生產。正因為如此，這些為了生產X而須投入的前置投資，當然也就不會到甲國布局。一旦甲、乙、丙之間因貿易結盟而大幅減少彼此障礙，那麼就有許多企業願意到甲、乙、丙三國投資設廠，以便在該地生產，享受相對優勢的果實。這就是為區域協定刺激FDI的原因。

區域貿易協定另一項能促進投資的原因，是源於前述「自製率」或「原產地」的規定。一般來說，為了避免非簽約國濫用甲、乙間的關稅優惠（例如，丙國產品到乙國過港，而假裝為乙國產品輸往甲國），通常會要求適用優惠的產品必須有相當比例是在締約國製造。為了適用這類的自製率協定，進而享受出口商品在目的地的零關稅，企業家就有動機將工廠設在締約國，因此自然會造成外人投資額的增加。當然，區域貿易協定簽署後，常因貿易區拓展以致貿易量擴大，這種規模效果也有刺激投資的作用。

以學者研究的實際數字來看，北美自由貿易區簽定前後，各國直接投資金額大幅提升約一〇〇%至二〇〇%。一九九三年歐盟自由貿易區原始成員國簽定前後，各國直接投資也增加了約二〇%至一〇〇%。各國中只有西班牙、葡萄牙、希臘，在一九九四年呈現約二〇%的FDI衰減。但這三個國家至一九九八年後，FDI也呈現正成長。至於捷克、愛沙尼亞、波蘭等二〇〇三年加入歐盟的八國，FDI成長幅度更是達到二〇〇%以上。此外，東協十國的FDI成長也很可觀，只有汶萊小幅度衰退，原因不詳。而香港、澳門在二〇〇四年簽署協定後，FDI成長也有二〇〇%以上。

整體而言，學者研究發現，區域協定對於FDI的流入效果，對於小國較為顯著。直觀而言，大國本來就坐擁市場，所以靠FTA市場規模的擴大效果有限；小國原本坐困愁城，所以規模拓展當然獲益較多。

總之，電腦模擬只能算出ECFA對貿易的效果。但是其背後對投資活動的刺激，才是影響中長期更重要的關鍵，在電腦數據上卻未必能呈現。

ECFA談判的戰略思維

兩岸談ECFA，大約是一甲子以來雙方政府經濟面向最廣泛的接觸。照理說，行政院所推新興產業的主管機關如果真的想要藉此機會力圖振作，應該會卯足了勁分析情境、算計損益，先分頭規劃，再向行政院爭取各產業希望合作與不宜碰觸的議題。行政院彙整了各主管部會一整串的需求，整體斟酌之後，再提出

ECFA談判的若干項要求與條件，這才像是整體作戰的談判策略。

此外，ECFA涉及農、工、服務等各大產業，我們應該哪些要、哪些給、哪些多要、哪些少給，也該有個全盤的評估與設想。這涉及橫跨諸多部會的業務，任何單一機構都不可能擅專，必須要有整體的布局與思考，才可能尋得對台灣最有利的戰略方向。

結語

雖然ECFA對於台灣整體經貿有正面的效果，但我們也必須體認，經濟整合絕非一蹴可及，應該儘速研擬談判策略，並制定相關產業政策，至於未來兩岸ECFA談判的原則應該是「先架構後內容，先原則後細節」；談判的機制則是在「自願的動機、平等的原則、漸進的過程、互惠的基礎、雙贏的結果」下進行，以確保台灣平等的地位。此外，對於談判的內容，不宜局限在傳統商品或服務的貿易，而應顧及產業布局、技術合作等縱深面向。對於若干易受衝擊的產業，也應注意事前的緩衝與事後的救濟。至於ECFA簽署後其他衍生的兩岸關係效應，也應未雨綢繆，事先以構思因應的方法。

清代大思想家龔自珍遠在鴉片戰爭、船堅砲利之前，就見識到清朝的腐敗，將來極可能面臨外來強權的挑戰。在家天下歷史的時代，新挑戰如果推翻舊政權，那麼取而代的的就是新的王朝、新的姓氏，簡稱為「來姓」。龔自珍認為，未來的強權既然可能推翻現制，必然有其過人與值得師法的地方。而當下的人唯有預先師法來姓的優點，才可能成功避免來姓的推翻，是之謂預（豫）師來姓。我們現在探討區域性貿易組織的可能衝擊，意義也是如此。雖然區域性貿易組織的衝擊尚未完全浮現，但也唯有在此時此刻，才可能預師而避禍。簽署ECFA的意義，即在於此。

第二篇

租稅與產業

5 台灣的財政問題有多嚴重？

國際知名的信評公司標準普爾，在二〇〇九年四月十五日公布許多國家的主權評等，台灣竟然遭到降等，而且是重要國家中唯一遭到降等的；這與二〇〇八年另一國際信評機構——惠譽——對台灣的評等不謀而合。如果一家公司遭標準普爾調降評等，那麼該公司財務長必然要向董事會負責，因此而下台一鞠躬的，也是時有所聞，但是台灣卻是例外。財政部長在立法院答詢時輕描淡寫、不以為意；行政院長與總統也勞頓於眾多行程，似乎一個主權評等下降這麼嚴重的事，只有一天的媒體曝光，而後就如過眼雲煙。

標準普爾不只是公布評等資料，也對台灣評分下滑的原因做了詳實說明。該機構分析師指出，雖然中央政府帳面上的債務餘額至二〇〇九年底佔GDP比率為三十七．九％（法定上限為四十％），但由於台灣還有中油、台電等國營事業虧損、國民健保財務赤字，所以負債遠高於帳面數字，預估將達二〇〇九年稅收一百四十二％。此外，二〇〇九年年初政府發消費券八百多億、振興經濟預算近一千五百億，更是需錢孔急，但全年稅收短徵預估將超過兩千五百億。這一進一出的數千億差額，更令人憂心。

標準普爾的評等基礎，主要是基於台灣政府的「**負債餘額**」。但究竟什麼是負債餘額，則需先向讀者解釋清楚。政府在各個會計年度內，出現實質支出超過實質收入的部分，稱為該會計年度的財政赤字或預算赤字。反之，如果出現實質收入超過實質支出的部分，則稱為該會計年度的財政盈餘或歲計剩餘。任何會計年度內如果出現財政盈餘，那麼該項盈餘或者可用來做為當年度債務還本支出的財源，以減輕政府累積負債餘額；或者也可納入累積歲計剩餘，做為彌補未來發生財政赤字時的財源，以減少未來舉債金額。此外，任何會計年度內如果出現財政赤字，那麼當年度實質收入必然不足以滿足實質支出需要。這時，如果還有到期債務必須還本，則勢必要移用以前年度歲計剩餘做為額外財源，或採取舉新債、還舊債方式，將債務清償往後推移。

換句話說，政府當年度的舉債額度，未必會等於當年的財政赤字。年度財政赤字是當年的「流量」，而負債餘額則是歷年累計未清償債務的「存量」。從簡單會計報表的觀點來解釋，流量通常呈現在損益表，而存量則呈現在資產負債表。赤字代表當年度政府損益表上的「虧損」，而負債餘額則為資產負債表上的負債額。而所謂累積歲計剩餘，則像是公司的「未分配盈餘」。國家像是一家公司，也是在永續經營，只是每一代的人民股東不同。當期是我們這一代做股東，下一期則是我們的子孫做股東。負債餘額越多，未來子孫身上所揹負的總債務就越高，必須由他們來償還本金或利息。總之，**觀察政府財政是否惡化，應該觀察負債餘額存量是否增加，而非是否有財政收支的流量缺口**。

二〇〇九年九月三日，惠譽再次發布它的信評報告，指出台灣的財政狀況進一步惡化，舉債情形幾近「破表」。該機構預估，台灣二〇〇九年中央政府總債務比率佔ＧＤＰ的五十％，創下歷史新高。這樣的趨勢再加上預估的當年一千兩百億水災善後支出，也使惠譽對台灣政府的債務結構極不樂觀，恐將台灣的信評降等。

當然，每次國外機構對台灣的各種評等不佳，行政院相關部會都會提出抗辯，或則說別人數據不對，或則歸咎於（金融）海嘯、水患等天災，反正都是別人的錯。這樣的抗辯有道理嗎？讓我們來逐一加以檢視。

台灣財政赤字惡化，與二〇〇九年八月之後的水災重建支出有關嗎？答案是「無關」。同年四月國際上另一家信評公司標準普爾，就已經降等台灣的債信，可見五月以後所有風災水災所引發的支出，都不是台灣財政惡化的原因。其次，台灣債信債評惡化，與二〇〇八年全球金融海嘯的衝擊有關嗎？答案也是「無關」。金融海嘯襲捲全球，幾乎沒有一個國家能夠倖免，而與台灣產經結構相近的新加坡、韓國、香港都受到幅度相當的衝擊。但不論是二〇〇九年四月公布的標準普爾報告，或九月公布的惠譽報告，都顯示其他同受衝擊國家的信用評等沒有下降，「唯獨」台灣下降；可見，我們也不能將債信下降的禍因，歸咎為金融海嘯與世界經濟不景氣。

第三，台灣債信如此難看，究竟是政府支出太高肇禍、抑或是稅收不足釀災呢？答案是「都有」。就支出面而言，愛台十二建設、因應經濟不景氣的擴大預算、八八水患的重建經費，確實加劇了政府的舉債壓力。但債信債評的好壞主要是看數年來累積的政府債務總和，並非一朝一夕的臨時事件而能瞬間改變。正如同每個家庭都有臨時性的意外支出，每個國家也難免有不可預期的災變支出需求；所以國家財政收支管理的重點，在於平日的謹慎心態，不恃意外之不來，而要「恃吾有以待也」。如果主事者沒有這樣的認知，平時亂開類似「免費營養午餐」之類的大頭症支票，而財主單位又連一句警告的話都不敢說，那麼就自然會產生債信下滑的後果。

以行政院在二〇〇九年一週一案推出的六大新興產業為例，每項都是需錢孔急。生技產業要在未來數年籌資六百億，而政府即佔兩百四十億；精緻農業案需要政府在四年投入二百四十餘億；健康照護升值白金方案，四年內要投入八百六十四億；文創產業四年再由政府投入二百一十三億；觀光產業要募集三百億「觀光發展基金」；而綠能產業也要在五年內由政府出資兩百五十億，並投入研發經費兩百億。這六大產業支出即使扣除語焉不詳的部分，未來數年政府就得砸進兩千億元。

此外，免費營養午餐每年一百七十億、老年照護八百六十億，又是兩筆恐怖的支出。這些錢要從哪裡來？倘若經費不夠，政府一長串、即興式、幾乎未經評估的支出項目，它的優先順序為何？行政院副院長、主計處、財政部、經建會等單位，是不是該有人點出問題的嚴重性？還是官員都只敢做鴕鳥，即使政府收支難以平衡也佯裝不知，準備讓長官去出糗？

就稅收不足而言，行政當局的責任更是無可逃遁。台灣的租稅負擔率原本就極低，但行政院從來就不敢有任何健全財稅結構的長遠計畫。在二〇〇八年表面上搞個虛應故事的賦稅改革委員會，實質上卻一項一項地減稅。截至二〇〇九年十一月，遺贈稅、所得稅、特區稅樣樣都降，但增稅則是連起心動念都不敢。主管機關經常吹噓降遺贈稅使得資金回流台灣，卻無法說服人民，已經錢淹腳目的台灣再吸錢進來有什麼好處？於是，我們的稅收每季下降、租稅負擔率更是逐步走低，當然也是造成二〇〇八至〇九年財政赤字惡化的主因。關於台灣租稅的問題，我們將在第6章進一步討論，在這裡暫且打住。

既然台灣的負債餘額如此之高，國外信評機構迭予降等警告，為什麼主政者似乎不當回事呢？這背後大概有兩方面的因素。其一，是台灣客觀的債務數字有所扭曲；其二則是政客們短視，不在乎政府負債的嚴重性。

如前所述，至二〇〇九年底，國外信評預估台灣中央政府負債餘額佔GDP的比率約為三十七‧九％至五十％。但財主單位經常拿國外的數據（二〇〇八年日本債務佔GDP達一百七十％、新加坡八十四％、美國六十七％、法國七十％，而我國僅三十五‧五％）給大官看，讓他們覺得：「還好嘛，台灣相較於國際，只是小卡。」殊不知這數據背後有極大的誤導。

我國「公共債務法」第四條有關法定債務上限所認列的債務，既不包括非營業基金所借的債務，也不計入國庫券等短期借款，更排除具自償性的公債，排除項目之包山包海，可說是舉世無匹；然而美、歐、日所揭露的政府債務範圍，卻將這些長、短期債務悉數計入。由此可知，我國這項數字低於美、日、歐，其實是定義作弊，未必表示台灣財政真的比人家好。

如果依據國際定義，台灣所呈現的政府債務到底是多少呢？二〇〇八年初，行政院主計處曾把非營業基金一年以上「非自償性」債務、有特定財源用以償債的自償性債務、短債納入，重新計算負債餘額，結果顯示我國在二〇〇六年的總債務是五兆一千億元，佔當年GDP比率為四十三‧三％，已經超過法定上限。而立法院預算中心依照國際定義估算，二〇〇九年中央政府債務加計軍公教人員退休金負債、公營事業民營化相關退休金給付三兆七千億元，總債務達八兆五千億元，佔GDP已達六十九‧三六％，這個比率已有「超法趕美」的架勢。若再納入勞、農、軍、公保的潛在負債，我國中央政府債務已達十一兆一千億元，佔GDP比重已高達九十・四九%。而依目前審計部二〇〇八年度決算報告估算，併計潛在負債後，我國政府債務竟已升至十九兆七千億元。如果以十二兆五千億元粗估我國的GDP，那麼台灣負債餘額已達GDP的一百五十七%，逼近全球冠軍。這麼驚恐的數字，我們相信府院大官是絕對看不到的。即使看到了，恐怕也會認為是匪諜做怪，扭曲數字。

如果一家公司負債過高、信評降低，老闆與CEO大概都會急壞了。為什麼國家大官卻從來不急呢？公司信評降低，它的股東與債權人都會向公司施壓，公司如果不改善股票就會大跌。如前所述，政府發行公債，受害的、揹負償債壓力的是未來子孫。但未來子孫還沒出生，誰能為他們發聲？他們根本沒有辦法如公司小股東一般向政府施壓！正因為未來子孫現在是天生的弱勢，所以我們的公債法第四條明訂：「中央及地方政府在其預算總額、特別預算及在營業基金、信託基金以外之特種預算基金內，所舉借之一年以上公共債務未償餘額預算數，合計不得超過行政院主計處預估之前三年度名目國民生產毛額平均數的四十八%。」其中中央政府為四十%。

由於公債法定上限是這一代對未來子孫的承諾，幾乎有憲法層次的莊嚴性，任何政治人物自目到想打破這個承諾，都等同於公開宣布自己政治生命結束。所以在公債上限無法改變的情形下，在可見未來我們的政府預算恐怕將面臨編不出來的窘境；這就是惠譽信評所說的「破表」。這樣的財政情況，當然是前所未有的嚴重。

在國際信評機構不斷警告台灣財政的情況下，終於，政府有了些反應，但究其內容，卻更令人失望。二〇〇九年九月財政部公布其健全財政的解決方案，我們只能用「牛皮」兩個字來形容。財政部說，他們將來要「積極開拓財源、減少不經濟支出」；這是否表示過去同一批人主持的政府充斥著「不經濟」支出，而且未努力開闢財源？過去一年多的財長，不就是同一個人嗎？以今日之我批判昨日之我、以明日之是否定昨日之非，這不是「牛皮」是什麼？此外，財政部認為做好財產效益管理就可以增加八、九千億稅收，這幾乎像是二〇〇〇年民進黨在總統大選時宣稱：「消除國民黨貪汙」就能省下數千億支出一樣，皆屬畫餅充飢的夢幻之作。但最精采的論述是：財政部要在二〇一三年調升營業稅。把增稅的期程拖到下一次總統大選之後一年。依據以往八任財政部長的任期來推估，財長平均任期大約一年出頭。主事者宣布在自己鐵定卸任的四年之後增稅，把責任推給未來子孫與未來部長，這樣的「方案」，是不是令人嘆為觀止？

國家之所以要在公債法訂定舉債上限，就是要避免現在的官員把債務責任拖到下一代，要「今日事，今日畢」。政府談增稅雖然有政治風險，卻也是對後世子孫負責任的表現。當財政部面對這麼嚴重的赤字壓力，為什麼卻見不到這種承擔與責任呢？

當然，二〇〇九年九月的財政部記者會也留了個尾巴，說外界如果要求提前實施增稅，「財政部也不反對」；這又是一項創新的論述。無論如何，財政部的意思是，任內既不想增稅，也不管赤字；如果外界拚命要求，那麼增稅的責任不在政府，而在於那些要求提前的人。主管部會能講出這樣的話，我們也只能感到驚訝了。

最後，我們做個總結：台灣的財政赤字有多嚴重？二〇〇九年中央政府負債餘額至少佔GDP比例的三十八%，而上限是四十%。我們的GDP大約每年十二兆五千億，所以GDP一個百分點就是一千兩百五十億。二〇〇九年八八水患救災，政府預算就是一千多億。換句話說，如果再來一、兩次天然災害，台灣的預算就一定破表。預算破表有什麼後果呢？其結果就是擠壓到別的公共建設支出；或則公教人員得減薪、或則橋梁道路維修經費得縮減、或則社福支出得減碼，或則國防軍備無法添購。

無論如何，**「亂花錢就會錢不夠，錢不夠就得省吃減用」，這個道理適用於家庭，也適用於政府**。經濟學的道理其實是很簡單的，任何平民百姓一聽就懂，但所有裝笨的政客卻怎麼講都聽不懂。

6 問政客，租稅是何物？

我們在第5章中提到，政府負債餘額大小是衡量該國財務狀況的指標，雖然負債餘額在短期不必然與政府赤字大小有關（例如，大筆舊債到期，使政府當年需大舉借新以還舊，遂使該年赤字飆升），但中長期而言，債務的累積終究是肇因於長年的財政赤字；或則由於政府支出擴大、或則由於政府稅收不足。在台灣，後者的因素比前者更為重要，這可以由我國公共收入與公共支出分別佔GNP（國民生產總值）的比例，加以觀察得知。

近百年來世界各國的財政規模，均呈現隨經濟成長而相對擴張的現象。既然如此，在財政收支平衡的前提下，公共收入佔GNP的比例，也應隨經濟成長而上升。但我國近十多年的財政狀況，卻正好相反。一九九〇年度，我國的各級政府公共收入佔當年度GNP的二十五・八％，但到了二〇〇四年度，上述比例則降至十七・七％，非但未能增加，反而減少了八個百分點。到二〇〇八年，這項比例更降到十三・八％。另一方面，各級政府的公共支出佔GNP比例逐年微幅下降，由一九九〇年度的二十六％，下降至二〇〇四年的二十・一％。由此可見，儘管我國各級政府公共支出佔GNP的比例隨經濟成長在減少，但財政赤字惡化的現象仍然不能遏止，主要和公共收入成長不足有關。

年年減稅政府收入大減

接下來我們要探討的問題，是我國各級政府公共收入成長不足的原因何在。這又和稅收減免有明顯關係。近十年來政府各項租稅減免措施陸續實施，減免的稅目包括娛樂稅（一九八八、一九九〇年）、地價稅（一九八九、一九九一、一九九四年）、房屋稅（一九九二年）、土地增值稅（一九八九、一九九七、二〇〇二、二〇〇四年）、貨物稅（一九九〇、一九九七年）、證交稅（一九九三年）、牌照稅（一九九五、二〇〇一年）、遺產及贈與稅（一九九五、二〇〇九年）、所得稅（一九九〇、一九九四、一九九八、二〇〇一、二〇〇九年）、契稅（一九九九年）以及營業稅（一九九〇、一九九四、一九九五、一九九九年），其中尤其以一九九八年實施的營利事業所得稅與綜合所得稅合一制度（簡稱兩稅合一），以及一九九九年實施的金融業營業稅率降低措施影響最大，兩者合計造成的稅收損失，估計每年就達一千億元以上。這段期間的租稅減免措施，雖然如此眾多，增稅案除二〇〇五年的「最低稅負制」之外，卻一件都沒有。減稅如此慷慨，增稅卻未曾發生，政府收支焉有不惡化的道理？

與全世界相比，台灣的租稅情況如何呢？台灣的租稅負擔率目前僅有十四％；相較於韓國（約二十一％）、日本（約十八％）、英國（約三十％）、法國（約四十四％）、美國（約二十一％），台灣絕對是低稅冠軍。全世界除了著重「過境商務」的新加坡與香港、或是避稅天堂如開曼群島、維京群島等地外，沒有任何具完整產業結構的國家，其稅率像台灣這麼低。產業結構完整表示政府的政策支出必然不小，而三萬六千平方公里、兩千多萬人民的社福、建設與救災支出，也使得目前的低稅難以為繼。

前述的政府減稅惡風，有沒有隨著政府財政惡化而稍稍終止呢？政客們有沒有略為警覺呢？沒有。二〇〇八年五月馬政府上任後，所提出的減稅案可以活活嚇死人；我們以該年的稅額估計，就可得出以下的數字：證券交易稅減半徵收（後來未實施），稅收減損至少三百二十二億；營所稅率由二十五％調降為二十％，稅收損失七百六十五億；遺贈稅率下降、免稅額提高，稅收流失兩百六十億；個人綜所稅扣除額提高，稅收減少一百五十三億。單單這四項稅收流失，就達到一千五百億。即使促產條例準時於二〇一〇年落日，七折八扣後稅收增加也只有一千億出頭，已然不抵收入的減少。更何況，促產落日的稅收增加要分五年逐漸回溫，起初數年每年只有區區幾百億而已。

但是，政府難道不需要花錢了嗎？支出打算大幅減少嗎？剛好相反。天災人禍所增加的政府支出不談，單單馬政府所念茲在茲的愛台十二項建設，規模就達到八年四兆，所以，政府未來三年必然要面對極為龐大的財務黑洞。但直到目前為止，沒有任何一位內閣官員對此表示憂心，財經官員彷彿像吸了鴉片一般，人人沉溺在減稅快感中，卻不想想毒品的危害後果。

降稅吸毒多了自然上癮

沒錯，在心態上，台灣的政府官員似乎逐漸染上了降稅鴉片癮。最近十幾年來，不知從誰開始，政府官員常將「降稅」當做一帖刺激經濟的邪門興奮劑來使用。當房地產泡沫出現時，經發會就弄出一帖「土增稅減半徵收」的速賜康；在股價指數下跌時，財政部長就祭出「證交稅減半」的搖頭丸；當富商向政府高官遊說後，行政院就立刻下達「遺贈稅率降至十％」的安非他命；當受薪階級大呼不公平時，政府官員說：沒關係，統統有獎，賜予「免稅額、寬減額提高」一劑迷魂散。最令人民麻醉的是，每次降稅減稅時，財政部官員都會說，這次降稅「嘉惠」了幾百萬戶、幾百萬人。這樣的說法，就像是鴉片商人做廣告「吸鴉片將嘉惠數百萬人，使其身心舒坦、百骸暢快」一般。吸鴉片很少有人只吸一次；降稅雖然有時號稱只降一年，但台灣有史以來所降的稅，從來沒有一次回復過。

政府不但努力減稅，還錯誤引用諾貝爾得主克魯曼的論點，真令人啼笑皆非。

事實上，**克魯曼是堅決反對「減稅救經濟」的人**。要講清楚這件事，得從美國政治說起。老美的兩大政黨在經濟政策上各有其取向：民主黨傾向大政府、提供較多的福利政策、主張多向富人課稅、贊同凱因斯擴大公共支出的見解；共和黨則傾向小政府、提供較少的社會福利、主張有利富人的各種減稅、不贊同擴大公共支出。基本上，擴大政府公共支出就必須加稅、而減少政府支出才能配之以減稅，所以民主黨與共和黨彼此的主張互斥，在過去一百年間難有交集。

然而台灣政府的經濟政策，卻像是在兩面討好：既學民主黨要擴大公共支出、又學共和黨想大規模為富人減稅。這樣明顯不切實際的政策，就產生了必然的矛盾。大官們不妨問問自己：怎麼可能支出又增加稅收又減少呢？增加政府支出是一時的，減稅在台灣卻向來是覆水難收；這樣下去，國家預算如何能因應呢？如果同時摘取民主與共和黨的政策利多，這麼好康的事，美國人為什麼笨到不會做呢？

倉促降稅趁亂避免討論

租稅是必要之惡，是政府施政支出的主要來源；所以減少徵稅，就必然會減少政府的服務項目，這個道理再清楚簡單不過了。降稅既然是鴉片煙，終究有它的迷幻力，而且最好是趁亂實施、倉促實施、減少討論、一意孤行。我們舉一兩個例子，讀者就能有鮮明的印象。

第一個例子是降證交稅。二〇〇八年第四季，台灣股市跌得很兇，當時的財政部長就興起了「降證交稅救股市」的念頭，在九月十日火速通過行政院院會，不理會外界所有的批評。台股大跌，大家都知道是全世界經濟不景氣使然。二〇〇八年的次貸風波、金融海嘯、世界景氣蕭條、中東地區的持續不穩等等，在在都是台灣股市的利空因素。台灣的人口僅兩千餘萬、GDP佔全世界經濟的比例極為微小、產值又大多是來自非壟斷產業，所以台灣在國際市場中並不具有扭轉乾坤的實力，是標準的「衝擊接受者」。面對這一年來連串的利空，台灣股市處境低迷，不但沒有救股市的特效藥，恐怕連短期的止痛藥都不見得有效。既然股市下跌的源頭是全世界經濟不景氣，那麼單單降台灣一地的證交稅，又有什麼幫助？

雖說降稅聲稱只降半年，但朝野幾乎沒有人相信半年之後證交稅率還有可能調升。因此，證交稅率調降的爭議，說穿了就是以每年三百多億的稅收減少，去換取短暫的股市上漲。不論股市如何變動，數天之後，消息面出盡，台灣股市還是回歸基本面，重新受國際經濟情勢的影響。但是，台灣人民還是得每年付出三百多億稅收的代價，源源不絕。

然而人算不如天算，在外資大舉倒貨、國際情勢不佳之下，在行政院宣布降證交稅次日，台灣股市還是硬生生地下跌了兩百多點，全面凸顯出證交稅降稅政策的愚蠢。不幸中的大幸是，行政院後來發現降證交稅一點救股市的作用都沒有，就偷偷摸摸地在立法院撤案，才勉強保住台灣人民每年三百多億的稅收損失。

第二個例子，則是遺產贈與稅。二〇〇九年一月九日，立法院火速通過了遺贈稅調降案，將過去遺贈稅最高累進稅率五十％降為單一稅率十％，且同時提高免稅額為一千兩百萬元。支持我國遺贈稅調降者，強調過去的高稅率使得大量資金因為避稅而外移，因此降低稅率可以使海外資金回流。新法實施迄今近八個月，實際成效如何，已可加以檢視。

究竟遺贈稅的調降能吸引多少資金回流？這是個很難回答的問題。原因就在於影響國際資金流動的因素實在太多，包含國內外的投資環境、企業經營情況、各項經濟政策等等，而租稅只是因素之一。後來，學者用央行國際收支帳的數字做仔細比對，發現不但沒有證據顯示降遺贈稅真能吸引資金回台，數據甚至顯示其成效不彰。這樣一個沒有用的降稅，導致國庫損失多少錢呢？每年約兩百五十億。哪些人由這個降稅獲利呢？課稅資料顯示，獲利最大的都是億萬富豪，他們人數不到一百人，每個人一生平均能省下數億的繳稅額。

國事如麻只有降稅一招

除了前述兩則著例之外，其他雜七雜八的減稅動議多如牛毛，也顯示朝野官員鴉片中毒之深，除了降稅外，根本想不出任何其他的政策措施。二〇〇九年二月，由於台灣進出口衰退極大，財政部又主張以大幅出口退稅去「刺激出口」。稍微了解國貿實務的人都了解，二〇〇九年初出口衰退是因為歐美經濟不振、購買力衰退，所以廠商訂單銳減。有沒有出口訂單，與歐美的整體購買力關係密切，與台灣出口是否退稅八桿子打不著。以財政部自己估計的數字來看，每年十二億退稅金額也只佔平時出口金額不及千分之二，影響微乎其微，效果還不及些微的匯差。

另外，台灣棒球隊在二〇〇九年經典賽吃了敗仗、撞球新秀吳珈慶要出走新加坡，舉國上下都覺得沒面子，心中有一股鳥氣。於是，在行政院長表態震怒之下，體委會就立刻端出了兩道菜，其一就是運動產業發展條例，內容也是包山包海地減稅，幾乎像是相關利益團體的遊說結晶。草案中指出，個人或企業投資運動產業五年內抵減營所稅與綜所稅百分之百，個人或企業捐贈運動館場或團體又可不限額列舉扣除。個人運動費用支出與訓練、運動產業銷售貨物與勞務，甚至其相關娛樂稅、地價稅、房屋稅，也都建議全免。

二〇〇九年三月，行政院在討論文化創意產業的推動，重點也是要減稅。一位政務委員說，他建議每人每年要有抵減一萬兩千元所得稅的額度，以鼓勵民眾觀賞文化表演的支出。也有人說，如果民眾文化藝術消費支出不能抵稅，「政府就不要說有心推動文化產業」。這結論與體委會類似，好像不減稅文化就像沙漠、一減稅文化就能成綠洲。

接照同樣的邏輯，該減稅的當然不只體育與文創。譬如，台灣的報業長年虧損、高鐵營運不利，是不是也可以減稅？大蕭條期間旅遊不振、飯店生意不佳，可考慮減稅。為了擴大消費內需，小吃店更該全面減稅。銀行業最近呆錢甚多、貸放無門，更需要減稅。這樣下去，台灣還有救嗎？

避談增稅結果卻是增稅

台灣官員中毒中邪、只敢減稅已如前述，當然更不可能動議增稅了。二〇〇九年九月有人說要研議開徵證所稅或能源稅，行政院立刻嚇得跳出來澄清。沒錯，我們的政府對於「增稅」二字總有極大的恐懼，好像一唸這兩個字就會政權陷入危機、股市崩盤、大選失利，弄不好就閣揆下台、總統道歉。但官員雖然對增稅之議心存畏懼，卻對於發公債、賣祖產無所忌諱。當然啦，如果不是動議增稅，而是由政府宣布減稅，那麼官員更是一個個口沫橫飛，說是嘉惠大眾、藏富於民、擴大稅基、改善工商環境等等，無論如何也要把減稅當成自己的功勞。

我們在此要向讀者解說：**政府舉債就是變相的增稅、釋股也是增稅、減稅是欺騙式的增稅，說法各異但本質卻沒有什麼不同。這論點可不是胡掰的，而是古典經濟大師李嘉圖（David Ricardo）的著名定理**。任何號稱財經專家的人如果不懂**李嘉圖恆等定理**，他們都該自慚形穢，回大學重修經濟學ＡＢＣ。

以台灣目前的情況來看，政府支出一籮筐，但稅收遠遠不足，存在著極大的赤字缺口。這樣的缺口可以靠增稅來彌補，惟民粹官員不敢提，只敢提「賣公股股票」的替代案。但公股股票是具有長遠配息能力的金雞母；如果國家今天賣掉金雞母，那麼將來的股息收入減少，明天的財政赤字還是會增加，所以明年無論如何還是要靠增稅才能弭平缺口。所以，**李嘉圖說，釋股也是一種增稅**。

也有官員不敢增稅，只敢動議加發公債。如果政府新發公債，表示將來必須要還本付息，而這本息支出也是來自於未來的稅收。由於新債使未來政府可以運用的稅收減少，因此**李嘉圖說，今天發債也等於是明天增稅，還是躲不掉責難**。

除了釋股、發債之外，更高明的政治騙術則是說要減稅——以減稅刺激景氣、擴大稅基。但克魯曼早在他的名著《模糊的數學：克魯曼深度解讀經濟現況》中戳破了前述謊言。幾乎所有政客所提出的減稅刺激經濟論，都是一場騙局，最後稅基並沒有擴大，美國小布希減稅所造成的巨額赤字，就是最好的證明。因此減稅終將造成赤字缺口，未來還是要靠更大的增稅來彌補。

雖然李嘉圖的推理比前述還要細密一些，但大要已如上述，總稱之為「李嘉圖恆等定理」。總而言之，**釋股等同增稅**、**舉債等同增稅**、**減稅等同增稅**、**增稅當然更是增稅**。財政學說簡單也真簡單：政府支出太多，稅收不足，就注定要增稅，不是向當代人民徵、就得要向未來人民徵。前者確實叫做增稅，但後者美其名為發公債，究其實質還是增稅。這麼淺顯的道理，三歲小孩都知道，只可惜千百政客卻做不到。

稅賦改革一場政治爛戲

台灣的降稅歪風不斷、財政持續惡化，有沒有改革的建議與做法呢？我們政府確實在二〇〇八年七月成立第三次賦改會，但那是一個拼湊雜燴、漫無章法的爛組織，完全發揮不了功能。賦改會的病因、病兆族繁不及備載，但最關鍵的癥結，在於主事者欠缺租稅的學理觀點與整體布局。馬政府當初大張旗鼓成立賦改會，目的似乎是想對全面的賦稅結構進行檢討。但賦改會在實際推案討論時，卻是枝節片段地一案一案推，於是每一件減稅案都是全體贊成，但每一件增稅案卻使利益團體傾巢而出，動員一切力量予以反對。結果，自然是逼得行政院面對種種壓力而左支右絀，造成稅制結構嚴重失衡。

以往台灣兩次賦改會成立的宗旨，都是要調整台灣扭曲的租稅結構，以打造推動國家建設的健全財務基礎。但本次賦改會漫無章法地折騰十六個月之後，台灣不但租稅負擔率比以前更低，甚至還使國家的負債比例急速攀升。如果將國家比喻為公司，賦改會應該像是公司為改善財務狀況而聘請的財務健診顧問小組。照理說，一家企業在請管理顧問公司診療投藥時，公司信評應該不致被不斷下修才是。但是，台灣的賦改會卻使馬政府財務從上任時的輕度感冒，弄成儼然像在安寧病房祈禱誦經。過去一年多來，財政部左手準備稅改的一張張健康食譜，右手卻在不斷趕寫降稅的一道道催命符，精神分裂至此，政策當然一事無成。

讀者如果上網查詢賦改會的相關新聞就會發現，從該會二〇〇八年七月成立之前輿論的一片支持，到該會組成結構臃腫肥大、做法逐漸引發財稅學者的反彈、他們所推動的議案明顯討好富人、終於導致租稅只降不增，造成國家財政逐漸惡化。至二〇〇九年中，台灣的輿論不分藍綠，都已對財政部與賦改會感到極度不耐。過去，第一次與第二次賦改會都能掌握大原則與大方向，至少送出一張像樣的成績單。但是這一次的賦改會卻成了工商大老闆的動員場所，連馬總統競選時財政白皮書不敢提的遺贈稅降至十％議案，都意外順利闖關成功。至於證所稅、能源稅等議案，財政部卻全然意興闌珊，行政院官員則連會議都懶得參加，能夠安然下車就已經令他們慶幸不已了。

無能官員踐踏學術專業

賦改會名冊裡不是也有一些學者專家、財政權威嗎？為什麼他們發揮不了作用呢？讓我們做個比喻吧。大學者在優良的學術社群之內，像是個大菩薩，慈眉善目，幫忙系裡、院裡解決各種問題。但是在惡質的學術社群裡，大學者只是個「門神」。院系關起門來討論事情時，門神貼在門上卻是面向門外，是外人。菩薩幫忙解決內部的各種問題，但門神的作用只是嚇唬外面的社會大眾，對內則完全沒有作用。第一與第二次的賦改會，學者都是大菩薩，但第三次的賦改會，學者則像是門神，只是向社會招搖的道具。對門內張牙舞爪的利益代言人而言，門神都是外人。開賦改會學者「有內在煎熬、有外在羞辱、邊際成本高、邊際效益低」，人人興致缺缺，當然就一事無成了。

台灣的租稅扭曲現況，在當前政治生態下，看起來是個無解的難題。

7 既有市場機制，何需產業政策？

我們一向認為，學者該有一種不怕投入新領域的勇氣。在現今科學專業分工益趨細密的情況下，許多人都已經習慣在自己的專業領域內「足不出戶」，不但不碰狹窄專業之外的世界，甚至偶爾涉足都還有幾分羞怯與畏懼，還沒開始討論就已經自認知識不足，一旦討論問題時更是自閉於角落。坦白說，如果真要討論產業拓展策略，本行內專家有時反而受限於專業，他們構思布局未必好過本行外的局外人。所謂旁觀者清，就是這個道理。其實，鼓勵不同領域交流，可以激盪出火花，避免本行人習以為常的盲點。經濟學家涉足各個產業，四處拈花惹草，也許真能做出一些成績。

談到政府的產業政策，幾乎所有受西方經濟訓練的學者都自然會問：為什麼需要政府插手？為什麼市場機能自己無法引導產業發展？這確實是兩個好問題。一般而言，政府效率比企業差多了，但產業策略卻是由政府來規劃；由效率差的單位去規劃效率好的企業的發展策略，這是個基本的矛盾。因此思考台灣未來產業，必須先回答幾個制式問題：「為什麼某個產業發展方向私人企業自己做不好？」「為什麼政府加把勁就能做到？」「如何由政府做最少的介入，促使私人企業調整方向？」以下，我們會逐一加以分析，先以蘭花這個產業做例子，幫讀者理出頭緒。

品牌農業是明日之星

台灣的花卉出口以蝴蝶蘭為最大宗，其出口金額在二〇〇八年僅八千多萬美元，算成台幣約二十七億左右，與電子產品動輒產值上兆，簡直只能算是顆芝麻。但是國家討論產業發展，不能只看現在的產值，有一系列其他的因素要考量。即便以產值來看，電子產品接單一百元，只有五～六元是在台灣加值，但蘭花的加值卻百分之百在台灣，除少許肥料支出外，沒有一毛錢會流至國外。

以蝴蝶蘭為例，它有以下幾項特點，值得在產業布局時予以考量。（一）蘭花常用在婚喪喜慶、會議演講的場地佈置，即使在不景氣期間，結婚死亡少不了，婚喪活動還是要辦，所以蘭花需求受景氣的衝擊不像電子產品那麼大。在二〇〇八年金融海嘯期間，台灣的蘭花出口甚至還有小幅成長。（二）台灣的蘭花品種名冠全球，利基紮實而明顯，國際競爭鮮有敵手。二〇〇八年比賽的冠軍居然一苗長出三芽、七十六朵大花，令全世界驚艷。因此，台灣唯一要加油的只是下游的品牌行銷，其產業策略切入方向相對而言非常清楚。（三）雖然目前的蘭花產值不高，但如果能成功拿下若干競爭對手國（如荷蘭）的蘭花行銷地盤，再加上品牌加值的努力，這個產業上看數百億不成問題。如果其他幾種優勢台灣水果也能比照辦理，則千億產值也不是不可能。（四）蘭花種植是最本土、最能照顧台灣農民的產業之一，發展農業也最能「根留台灣」。（五）品牌農業的推動與馬蕭「小地主大佃農」的政見精神相合，行政當局會有積極配合的意願。總之，台灣的品牌農業絕對是一項重要的「未來產業」。

申請專利國際戰必須

最近與若干蘭花專家談蘭花的品種專利，特別有番感觸。如果真要為台灣蘭花到國際上打品牌，就一定要到國際市場、打「番人」（這只是習慣詞，沒有不好的意思）所熟悉的戰爭。台灣的蘭花業者千萬不能用自己的觀點去衡度推理，一定要「用番人之技以制番」。舉個例子，許多台灣農民有了自己的蘭花育種或運送技術，往往都沒有到國際上申請專利。不申請專利也許是因為費用太貴、也許是因為申請過程不熟、也許是因為自謙技術也沒那麼了不起。但無論如何，要到國際上打仗，這都是不對的態度。我們政府的農政單位，也許應該協助農民評估、申請、保障專利。

為什麼專利那麼重要呢？就字面意義而言，專利是指生產過程中自己獨家使用的某種技術。但是，在激烈的國際競爭中，專利通常根本不是為保障使用中的技術，往往卻是嚇阻對手的手段、業者自保的工具、阻絕競爭者追隨的路障、逼和對方的絕招。統計資料顯示，全美國真正在生產技術中使用的專利數，只佔總專利數的百分之五～十；其餘百分之九十～九十五，似乎都是廠商為法律顧問所準備的兵器。即使我們不想害人，但防人之心絕不可少，手上總要準備個幾十種兵器備用才是，而專利權則是兵器之一。

備妥專利也為防小人

台灣農業有不少獨門的種苗技術；黑珍珠、黑金鋼、小木瓜、蘭花配種、花苗運輸等比比皆是。既然我們的長處在施振榮所稱微笑曲線的左端，那麼從台灣的產業戰略觀點來看，就要對自己的種苗與技術堅壁清野，要像科技產品智財保護的瓦聖那協定一樣，絕不容許外洩。在美國主導之下，瓦聖納協定對於個別關鍵技術輸往敵對國有相當的限制，雖然那多少是當年冷戰時代背景下的產物，無論如何，農業主管機關都值得評估一下技術管制的品項、年限、與做法。做不到技術控管，就會使台灣的蘭花王國或水果王國之路走得格外辛苦。個別花農也許會說，從生產面的專業看來，小技術分享一下沒什麼不對，但是國家產業策略必須要有市場導向觀，要看到技術流出對台灣市場的潛在打擊。如果花農看不清楚這一點，農委會就要幫助他們看清楚這一點。

台灣的農產技術是全世界首屈一指的，但是我們大都是小農，殷實而不擅去國際市場打仗。如果我們想把台灣的優秀農產品打到國際，那就要做一番整合的功夫，把小農結合起來，拉高視野，從國際市場觀擬具一套有效率的產業策略。

拉高視野須戰略布局

以蘭花產品來看：要講蘭花專業，誰比得上台灣的蘭花業者呢？從原本沒沒無聞，漸成為全世界育種、大規模產製的創始者，都是台灣小農業者一步一腳印拚出來的，這項成果沒有人能否定。雖然，談蘭花產製大多數小農都內行，但是論蘭花的國際品牌行銷，本地農民的專業卻往往派不上用場。更嚴重的情形是，如果蘭花業者有太強的專業本位，有時反而不利於這個產業的發展。我可以採三個角度，解釋小農的侷限與政府能夠提供的協助。

例一是花色：台灣太小，內需市場胃納不足，如果要推台灣農產行銷，首先就不得不提起一個最基本的原則：一定要國際市場導向、消費者導向。行銷專家一定會先看國外的大多數消費者想要什麼、喜歡什麼、偏愛什麼，再依消費者的偏好來設計產品、規劃通路、制定價格。以蘭花為例，東方人喜歡紅色、喜歡熱鬧，所以東方的花農在配種的階段，也許偏愛配出鮮豔的、有色澤變化的新花色，確實是爭奇鬥艷、美不勝收。但是由國際市場的角度來看，由於歐、美、日等國的消費者都喜歡大白花，他們對於爭奇鬥艷的光鮮花色，其實興趣不大，只把他們當成花景的配角。如果花農能夠培育出又白又大又整齊的多株白花，也許國際市場商業價值更高。由此可見，蘭花農如果由生產者導向來精緻化其專業，恐怕與世界需求未必一致，太過堅持有時反而不利。

知己知彼防商場間諜

再舉第二個角度：苗種外流。二〇〇九年三月上旬台灣舉辦國際蘭花展。我們走訪台灣許多大蘭園，有些業者對於在蘭花展將新品種瓶苗（瓶裝的小蘭花芽，一瓶可內裝數十株蘭花苗）販售給外國人極不以為然，認為是將台灣花農辛苦植育的成果，低價賣給外國人。然而，也有蘭花業者認為，他們不會把真正珍貴的新育種外賣，所以肯拿出來賣的其實沒什麼了不起。這件事是否嚴重不能單從花農的生產者角度去看，而要從市場的角度去看。如果外國人花小錢買瓶苗而有喜出望外的表情，就知道他們撿到便宜。生產者覺得沒什麼價值的配種，也許對外國市場行銷業者而言是如獲至寶。既然台灣蘭花的優勢在微笑曲線左端的種苗技術，外國人的優勢在於曲線右端的行銷通路，我們在品苗的販售上，必須從市場的角度對外人多所提防。

第三個角度，來談蘭花的品牌。蘭花要怎麼打品牌呢？談到農產品牌，許多人腦中第一個鮮活的例子就是想起紐西蘭的奇異果。有些農業專家研究紐國奇異果的育種改良、品質管制、產銷分軌、國際推廣、利潤分紅等制度，然後嘗試將這個模式套用到台灣，看看我們是否也能有樣學樣。但是，品牌行銷畢竟也是一門專業；奇異果打品牌其實與其他農產的品牌極為不同，更不用說種類雜多的其他農產品了。

台灣蘭花並非奇異果

買奇異果就是要吃，所以消費者希望它果粒大、汁液甜、肉感細、外型不太醜；這些特色齊備，就差不多了。此外，奇異果生長季不長，也沒有什麼複雜的孕育、接枝、配種等問題。因此，奇異果生產者最重要的工作，就是保證品質、齊一生產流程，以掌握果實規格。既然產品規格大致齊一，其定價策略也就不會複雜，接下來的行銷就單純多了。

但買花的人不是要買來吃、來吸吮花蜜，而是買來欣賞。由於人人美感不同，因此花卉要吸引不同的人，不可能有統一的規格。不止如此，同類的花看多了會膩，所以花卉不但同一個時點株株不同，隨著時間還要有外觀變化才好。此外，蝴蝶蘭從種子到開花生長期長達兩年，中間的培育過程可以分地分段，與奇異果大不相同。

蘭花像什麼商品呢？它其實是像哈雷（Harley Davison）機車。該品牌的廣告詞，就是「全世界沒兩輛哈雷機車是相同的」。要如何建立台灣的蘭花品牌，不能看奇異果。小農無論資金與視野都不夠，要打異質商品、孕育期極長的蘭花品牌戰，幾乎是不可能的。

由以上分析可知，個別企業可能太小，可能欠缺國際視野，可能資金不足、可能不了解外國人偏好，可能不熟專利布局的利益、可能不耐久戰⋯種種原因都會使整個國家的產業處於不利的地位。這就是政府出馬的時候了。但是我們也要提醒讀者，政府的介入還是要維持「宜少、宜免」的原則，千萬不要畫下具體的願景、訂下僵硬的目標時間表、又由官員做嚴格的管考。如果是那樣，事情絕對做不成。

產業策略須掌握關鍵

許多政府的產業政策，都是委託顧問公司、投資公司做的。他們接下案子之後，往往派一組人到客戶機構，面談數十人、翻閱各種財務報表、評量該地區相關業者情況，最後開個會、寫份報告，就能做出一份「策略」建議。常見的策略分析，內容中都有類似SWOT的習題，解析客戶的強項（S）、弱點（W）、機會（O）、威脅（T），接著依循藍海策略的分析，在商品或行銷布局中標示出最理想的目標點，令其為A點。然後，顧問公司就建議要如何從現在的欠佳狀態（例如為B點），移往A點。顧問公司往往會說：先如此、再這般、三年後達成某個階段目標、八年後成果如何。一切的一切，似乎都在掌握之中。這些目標與步驟合稱為產業策略；國家如果接受這樣的產業策略，就會列入管考，而後亦步亦趨地追蹤，壓迫主管官屬遵循。

這樣的產業策略分析不能說錯，但是對於規劃發展期程相當長的產業而言，就有些不切實際。比如說，產業目前的狀態在B點，經SWOT分析要走往A點，但是這「走」的過程可能長達十年。在這麼長時間的過程中，環境可能改變、技術可能更動、油價可能飇漲、政黨可能輪替、地區可能有戰爭，甚至做策略規劃的顧問公司自己都可能倒店。只要任何一項變動是在預期之外或是幅度稍大，都會使得原先的策略形同作廢。這種規劃時間過長的風險，在現實社會中履見不鮮。事實上時間越長，風險與不確定性都以幾何級數成長。

正因為如此，我們從不認為高風險、長時期的產業策略，有多少實質意義。相反的，中長期的發展往往是在路徑中逐步調整的，事前根本沒有人能預知確切的目標細節。十幾年前，有誰能夠預見、規劃台灣的民主政治發展？今日的台灣民主架構，恐怕有許多是關鍵掌握權力者「且戰且走」的結果。二十年前，又有誰能預知台灣IC產業的發展？今日的IC業輝煌局面，可能也是幾位IC大老逐步努力的成果。當然，這樣且戰且走的描述並不表示事前無事可做；相反的，如果主事者事前不做為，只會待在原點原地踏步，十年之後也一事無成。主事者一定要做出足夠大幅度的起步改變，才能跳脫原有的欠佳狀態，才有可能邁向理想的結果。因此，問題的關鍵就是：這起步的跨越究竟方向為何、幅度如何？

關鍵突破遂且戰且走

我們的看法是：改變現狀、邁向新局的關鍵，就是要對現制做出「關鍵性的突破」。這裡所謂的關鍵，可能是機構、可能是主管、可能是法規、更可能是三者的組合。舉例而言，中研院過去十數年在研究上有長足進步，其關鍵就在於特聘研究員制度的彈性與李遠哲院長的磁吸作用，使得海內外傑出的華裔科學家都能先後加入中研院的研究行列。台灣ＩＣ產業成功的關鍵，或許就在於工研院（機構）與李國鼎、張忠謀（人）。有了這些早期的關鍵改變，其後續的發展就進入且戰且走、順其自然的境界，在發展路徑上必然會往理想的狀態收斂。十幾二十年前沒有人知道ＩＣ產業、中研院、台灣民主會怎麼發展。但是既然當初關鍵改變已然完成，其後續就只會有小幅變動，大方向則不可能偏離軌道。在發展過程中，當然還是會面對新的挑戰與問題，但是這些問題都能由早先已進入據點的關鍵人士逐一排除，不至於構成阻礙。

總之，關鍵改變的重要性，就像是把船隻引進一個不太可能回頭的單行渠道，讓船長逐步地、摸索地、甚至跌跌撞撞地往目標前進。歷史上絕大多數的成功改變，都是循此「且戰且走」的模式。大凡一開始就設下鉅細靡遺路徑策略的，反而有可能只是紙上談兵。所謂策略，往往只是要找到關鍵因素與個人，跨出足夠大的第一步。

宏碁創辦人施振榮在其《全球品牌大戰略》一書中，提出了許多推動國際品牌的經驗談與甘苦談。他在書中七十七頁，也談到了他對台灣電子、電腦產品以外的行銷期待。施先生說，他始終有個願景，相信台灣的農業可以由從傷心曲線轉為微笑曲線。台灣的資訊教父對八竿子打不著的傳統農業有這麼高的期待，甚至以「願景」描繪之，台灣蘭花產業的關鍵第一步，就已經有方向了。科技教父跨足農產是如此輕鬆自然，那麼所有的農業政策，是否也可以比照視野開闊的思考呢？

8 高鐵BOT出了什麼問題？

臺灣高鐵是國內迄今為止最大的BOT案，總投資金額達五千五百五十四億元，扣除政府應辦事項一千零五十七億元後，BOT興建支出為四千四百九十七億元。

所謂BOT是指政府將指定之公共建設或服務計畫，設定某一特許期限，交由民間機構在該期限內負責興建（Build），並擁有完工後繼續營運（Operate）與取得收入之權利。此外，民間機構在特許期限屆滿時，則將剩餘資產及設備無償移轉（Transfer）給政府繼續經營，或由政府再另行委外經營。

高鐵BOT案的沿革

台灣高鐵的BOT案是一九九七年九月二十五日，「台灣高鐵企業聯盟」以政府零出資（零補貼）的條件，在高鐵BOT的價格競標過程中，擠下另一競爭對手「中華高鐵」，因而取得與政府簽約之權利。次年，台灣高鐵公司成立，並於七月二十三日與政府正式簽訂「高鐵興建營運合約」，獲得自簽約日起算，共計三十五年的特許興建及營運期限。

台灣高鐵原始規劃的興建期程約為五年，即由一九九八年七月簽約日起始，估計至二〇〇三年六月完工通車。因此，完工後尚有約三十年的營運期間，高鐵公司可以透過此一期間的營運收入，收回原始投資成本，甚至獲得投資利潤。不過，高鐵ＢＯＴ案從一九九八年簽約後，遲至二〇〇〇年三月才正式動工。這期間高鐵公司一度因融資無法取得，而有意廢標。後經政府出面與銀行團簽定三方契約，保證高鐵融資若無法償還時，政府同意買回台灣高鐵，讓該ＢＯＴ案始得繼續執行。

只是，臺灣高鐵開始興建後，仍遭遇一連串問題。包括由原規劃之德國系統，改為德日混合系統，造成工程延期。此外，新設立的南部科學園區又要求高鐵通過造成的地層震動影響，必須採取適當減震措施始得通車。更嚴重的是高鐵的財務問題。一方面銀行團初期聯貸利率高達八％，造成融資成本過高；另一方面，台灣高鐵的原始股東中有多數又不願參加後續增資，於是高鐵公司只得以發行特別股方式，要求公股及政府主導之機構參與增資，結果反而凸顯了政府投資高鐵ＢＯＴ案的合理性爭議。

在一連串波折中，高鐵終於在二〇〇七年元月開始局部通車，並於二〇〇七年三月完成全線通車。但較原訂通車營運日期二〇〇三年六月，已經延遲達三年九個月。然而，高鐵在二〇〇七年開始全面通車營運後，運量始終不如預期，連帶影響營運收入偏低。至二〇〇九年時，平均每日運量不到九萬人次，與當初政府的保守估計每日至少十八萬人次相較，甚至不及一半。

營運收入不如預期，施工期程延長又造成營運期間縮短，加以財務融資的利息成本偏高，這些不利因素，使得台灣高鐵公司面臨嚴重虧損。至二〇〇九年九月，公司累積虧損已達到七百餘億元，約為已收資本額的三分之二。為了改善高鐵的長期經營困境，政府決定介入經營，於是一方面將原投資之部分特別股轉換為普通股，取得公司最大股東地位，另一方面著手重組公司董事會。二〇〇九年九月二十二日，台灣高鐵公司召開臨時股東會，董事長及原始股東代表殷琪辭職，改由公股代表歐晉德出任董事長。高鐵BOT案演變至此，已成為外界眼中失敗的個案。國內更因此掀起一片質疑與檢討聲浪，認為政府過去利用BOT模式，極力推動民間參與公共建設，是否為錯誤之政策。

台灣高鐵BOT案究竟出了什麼問題？政府未來是否還值得繼續推動其他BOT案呢？在探討這些問題之前，我們不妨先了解BOT的一些基本特質。

BOT需要政府與民間共同合作

如前所述，BOT是政府與民間共同合作，為社會提供公共建設或公共服務的一種模式。這種合作模式其實很早就出現在許多國家。早期國際間的主要BOT案例，可以追溯到十九世紀中期，在埃及興建的蘇彝士運河。近代的重要案例則包括一九八〇年的英法海底隧道，以及一九九〇年的香港過港隧道。一九八〇至一九九〇年代是BOT在很多國家開始大為流行的時期，台灣也沒有例外。台灣最早的大型BOT案是當時納入六年國建的月眉遊樂中心，後來又有台北一〇一金融大樓、台灣高鐵、高雄捷運、台北巨蛋以及高速公路ETC設施等。這些個案目前雖然都還在特許期間之內，因此很難論定成敗。但在推動與興建過程中，許多個案都曾經遭遇不同程度的困難，甚至被媒體或司法機關視為「弊案」，加以調查。儘管如此，台灣每年由各級政府推動的大、小BOT案件，仍然有增無減。由此可見台灣社會對於採用BOT模式的「優點」，或許已有普遍認知，但對於它的「缺點」，似乎了解有限。

一般人總以為，BOT的最大優點就是政府可以少花錢，甚至不必花錢。因為政府只要用特許經營期限，來交換民間出錢投資，即可完成社會所需的公共建設或服務。而且特許期限屆滿後，政府又可以無償取得投資資產與設備。所以，BOT模式讓民間投資者、政府、以及社會大眾三者同時得到好處。它創造了三贏的效果。

但是，上述的看法有時未必正確。因為，無論由政府投資或由民間投資，從整體社會而言只是一體的兩面，他們都是社會資源的消耗。關鍵是由誰來進行投資，可以使得社會整體資源耗用最少，才是重點。如果採行ＢＯＴ後，民間必須投資的經費支出，高於不採行ＢＯＴ下，政府投資經費的支出。那麼這種ＢＯＴ案，即使表面上能夠創造三贏，但整體社會實際上仍然是輸家。

具體而言，公共建設可以由政府單獨投資，或者採取ＢＯＴ模式由政府與民間共同合作，甚至也可能由民間單獨投資。每一種模式或許各有優缺點，並對投資計畫的成本與效益產生不同影響。但成功的ＢＯＴ案一定是政府與民間透過合作，彼此發揮各自的優點，同時避免兩者的缺點。反之，失敗的ＢＯＴ案則往往是結合了太多民間與政府投資的缺點，以致於結果反不如政府直接投資有利。

民間投資與政府投資各有所長

我們先來比較民間與政府投資，在資源運用上各有那些不同的優缺點。一般來說，民間部門不似政府部門，有行政權與立法權相互分立、彼此制衡的設計。因此可以建立比較彈性的預算及人事制度。這個優勢使得民間部門在執行投資計畫上，足以產生如下優點：（一）透過快速行動發揮經營管理上的效率；（二）便於引進新技術以擴充工作能量與提高工作品質；（三）擁有較大的彈性決定人才晉用及去留；（四）利用靈活的財務調度降低閒置資金成本。

至於政府部門的優勢主要來自政府的公權力與公信力。它使得政府部門在執行投資計畫上，足以產生的優點包括：（一）依法律授權行使公權力的能力，例如執行土地徵收與都市計畫變更等；（二）透過立法協助推動所需要進行的公共投資計畫，例如獎勵民間參與建設條例之立法即是；（三）因具備高度償債能力而得以創造較低的融資成本，例如政府公債利率一向低於民間機構的借貸利率；（四）擁有不以營利為唯一目標的政策視野。

臺灣高鐵融資成本過高

但是BOT案要如何規劃，才能有效結合上述政府與民間部門的優勢條件，這是一項複雜的挑戰。就前述高鐵案而言，該案在興建初期，民間投資者面臨銀行團利率高達八％的融資成本。我們可以設想，倘若高鐵不是採取BOT而是由政府自行興建。那麼政府的融資成本，就是發行公債的利息費用。二〇〇〇年高鐵開始興建初期，政府當時的公債發行利率，只有約一％至二％之間，遠比高鐵公司融資利率八％為低。因此，如果以融資成本作為比較基礎，高鐵採取BOT模式興建，顯然不如政府直接投資興建更為有利。

如果我們期待高鐵採取BOT案，能夠較政府直接投資更為有利，則必須善用政府與民間在該BOT案中的合作關係，讓彼此各自發揮所長。例如，凡涉及土地徵收或都市計畫變更的工作，就應該由政府部門負責，才能發揮所長；而聘用專業人才、引進技術、或經營管理的事務，則適合由民間部門負責執行。同理，在降低財務成本上，如果能建立合作模式，使民間部門負擔財務管理責任，另由政府部門負責借錢融資，那麼在雙方合作之下，既可以維持財務調度的靈活性，又能夠透過低利率借款以降低融資成本。這樣的財務合作模式，符合雙方各自發揮所長的原則，當然也有助於確保BOT案的採行，較政府直接興建方式，更能降低社會投資成本。

不過，政府出面借款給予民間部門使用，要如何確保民間部門不會藉機掏空投資經費，或將財務風險完全留給政府承擔，其中涉及了道德危機，因此必須在BOT案開始前，先有妥善規劃的解決方案。通常的解決方案是一方面由政府依BOT工程進度，直接提供融資財源或對貸款銀行給予融資擔保，以降低融資利率及成本。另一方面為了避免道德危機，政府所提供或擔保的融資額度，不僅必須低於業者實際投資支出的金額，且尚附有其他如上限額度、工程進度及撥款限制等適當的監督條件。但即使如此，提供上述融資財源或融資保證，仍然可能因為BOT案的其他經營及環境風險，使政府部門承擔過度的財務責任。所以政府提供資金或融資擔保，只能視為次佳的解決方案。在實務上，並非每一個BOT案，政府部門都會採取上述手段介入融資。

若不採取上述介入方式，就必須回歸市場機制，由取得BOT案的民間業者，依據財務計畫，直接向銀行爭取融資，並承擔較高的利息費用。銀行團則自行評估及監督該投資案的投資風險變化，以判斷是否繼續給予融資。但如前述，這種方式可能會使得ＢＯＴ案的融資成本過高，反而不如政府直接投資。所以，採用回歸市場機制的作法，如果未能由政府配套提供業者共同承擔風險的其他措施，則通常只能適用於投資規模較小，融資金額及成本亦較低的ＢＯＴ案。但對於像高鐵這種投資金額龐大，必須從事高額融資的ＢＯＴ案，若融資問題在沒有配套下，採取回歸市場機制方式處理，那麼融資成本勢必大幅增加，使ＢＯＴ案很難具有可行性。何況高鐵的土地所有權又屬於政府部門所有，而國內在缺乏專案融資制度下，貸款銀行對於沒有土地所有權的抵押貸款，一向給予很低的評價。在這種困難下，民間業者即使能夠取得貸款資金，也必然得承擔更高的貸款利率與融資成本。

上述分析足以說明，高鐵ＢＯＴ案在一九九七年決標後，業者會因為融資困難而打算廢標，其實不是沒有原因。正因為如此，所以當政府部門決定高鐵興建要採取ＢＯＴ模式時，如何介入高鐵融資也就成為遲早必須面對的問題。只是政府部門卻遲至高鐵決標之後，始出面與業者及銀行團進行融資協商，在時間點上，自然不無引人議論之處。更不利的是，政府的介入解決方案，是保證買回台灣高鐵，而不是直接提供融資或融資擔保。這種安排似乎未能完全解除銀行團在融資風險上的疑慮，因而使得民間業者仍得面臨遠高於公債利率之融資利率。換句話說，政府在融資上的優勢條件，其實並未因此得到充分發揮。非但如此，保證買回台灣高鐵，也使聯貸銀行疏於監督高鐵財務風險，進一步導致政府部門曝露在更大的ＢＯＴ財務風險下。

高鐵ＢＯＴ案出了哪些問題？

我們從高鐵興建過程可以看出，政府與民間部門在該ＢＯＴ案的合作關係，並未能充分發揮彼此的優勢，共同降低高鐵的融資成本。當然，高鐵融資成本過高，僅是該ＢＯＴ案「失敗」的主要原因之一，工程延宕與營運收入偏低等現象，也在在顯示政府與民間的合作出了問題。其實ＢＯＴ案需要建構的政府與民間合作關係，是非常複雜且艱難的工程。「美國公私部門合作協會（National Council for Public-Private Partnerships）」曾經針對類似ＢＯＴ的政府與民間合作關係，提出六項成功要領，也許在檢討高鐵ＢＯＴ案時，值得我們思考。它包括：（一）良好的法律與政治環境。（二）有效且及時的監督機制。（三）完整周密的事前評估與規劃作業。（四）具保障性的營運收入來源。（五）相關團體及公眾的支持。（六）慎選有執行能力的民間參與者。

就法律與政府環境來看，政府並沒有於事前針對高鐵ＢＯＴ案訂定專法，而係依據獎勵民間參與交通建設條例等既有法律，作為適用依據。這使得政府需要以公權力介入及監督高鐵ＢＯＴ案的興建與營運時，缺乏足夠的法律依據。此外，高鐵ＢＯＴ案在執行期間，甚至也陷入國內政治鬥爭的泥沼中，以致當經營及環境風險發生變化，政府需要及時介入時，總是引起多方爭議。例如，立法院與行政院對高鐵增資案發生困難時，彼此所採取的立場不僅毫無交集，甚至各行其事。這足以說明高鐵ＢＯＴ案的執行，的確是處於缺乏良好的政治環境之下。

至於在監督機制上，高鐵主管機關除了在高鐵公司無力償債時，可以採取買回措施外，對於高鐵興建產生其他風險時，則缺乏強力的指導與糾正手段。例如，當高鐵增資不順利時，政府無法介入評估原始股東是否有能力繼續執行該ＢＯＴ案。同時在高鐵計畫對外增資時，也缺乏能力強制原始股東先行減資再增資，以稀釋不願增資股東的股權。另外，高鐵原始股東承包有關工程是否符合利益迴避原則，似乎亦欠缺適當規範及監督。

其他值得檢討的部份尚包括政府及民間業者對該案的事前評估及規劃作業不夠周延，導致該案日後增資困難以及融資成本過高。同時，在過於樂觀的運量估計下，台灣高鐵似乎也忽略了營運收入要如何保障的問題。更重要的是，台灣高鐵的原始股東有相當多數，在興建過程中不願繼續增資，削弱了高鐵的財務健全度，使社會大眾對於台灣高鐵公司的執行能力產生懷疑。

對ＢＯＴ的誤解，足以造成ＢＯＴ案的浮濫

不過，儘管高鐵ＢＯＴ案有上述這些值得檢討及批評的問題，我們仍不能因此認定台灣高鐵建設選擇採取ＢＯＴ模式，乃是錯誤的決策。因為像高鐵建設這種規模龐大，又是首次引進的建設工程，通常總會潛存很多風險與不確定因素，因而造成難以預料的投資成本增加或營運虧損。事實上，如果從成本控制來看，高鐵ＢＯＴ案的興建成本四千四百九十七億元，雖然比原始估計成本四千零七十六億元，超過約十％。但對照同樣是ＢＯＴ案的英法海底隧道，或國內由政府興建的北二高、台北捷運初期網路、以及北宜高速公路等，這些興建工程的實際投資經費，均普遍超過原始估計成本達一〇〇％以上。因此，我們難以斷言，如果直接由政府興建高鐵，它的投資經費是否真的會比採用ＢＯＴ模式下更為節省。

換句話說，政府公共建設或服務計畫採用ＢＯＴ模式提供，還是由政府直接投資提供，其間並沒有絕對優劣。必須視個案性質不同來判斷。我們實在沒有必要在這兩種選擇中，預設任何偏廢立場。

台灣高鐵ＢＯＴ案的確不是成功的ＢＯＴ個案。從該案教訓中可以了解，一個成功的ＢＯＴ案固然需要建立在政府與民間互相合作，共同發揮所長的基礎上。更重要的是建立這種合作基礎，所需具備的前置工作其複雜性，以及風險管理困難

度，往往較政府直接投資要高許多。很多人誤以為ＢＯＴ案就是透過民間參與公共建設，藉以減輕政府的業務及財務負擔，甚至認為政府可以因此而坐享其成。這些誤解足以造成ＢＯＴ案的浮濫增加，卻無助於為國內ＢＯＴ案樹立成功的典範。

第三篇

教育經濟

9 教改失敗的癥結何在？

一九九四年四月十日，若干學界朋友一齊走上街頭，進行了一場少見的「教改」遊行。多數的朋友都有小孩，在那時候都是十來歲，即將進入競爭激烈的中學教育環境。當時，我們已相當能體會孩子們上學的痛苦：面對枯燥無聊的教材、背誦記憶的考試、若干老師的體罰、不能犯些微錯誤的競爭。看到自己的孩子面對學校教育的痛苦，自然希望台灣的教育環境能有些改變。

投入教改的兩種動機

在這樣的背景下，許多人當時參與教改運動的出發點非常單純——因為自己的子女身受其苦，做父母的有切膚之痛，做為知識分子，自然有參與改革的念頭。推而廣之，再看到別人子女讀書與考試的痛苦，人溺己溺，當然也會有感如身受的同理心，也會強化教改的投入。因此，社會上第一種投入教改的心境，正是來自於「希望子女受教不要那麼痛苦」、能「快樂學習」。這些投入者通常是「實然面」教育環境的受害者，亟思有所改變。

第二種投入教改的人士，則是比較著重教育內涵的規劃者。例如，大前研一在《M型社會》書中也談日本教改，認為日本教育要改變「提供標準答案」的模式。湯瑪士弗里曼在《世界是平的》書中談美國教改，則強調美國應加強數理教育，才能在全球化時代掌握科技創新的優勢，維持美國的領先地位。一九九六年行政院教改會的諮議報告書列示了教育的方向，也對學校教育的內涵提出了方向性的指引。這一類型的教改方向，基本上是「應然面」，指出教育應走的方向，再落實到當前教育改革之中。

當然，前述兩類教改人士中並非沒有交集；著重教改應然面的學者專家中，絕對也有不少身歷其境的家長、教師、教育主管。他們也可能看到學子在受教過程中的苦楚。因此，他們的關懷可能同時來自應然面與實然面。然而，能夠綜融兩端的畢竟是少數；教改的理念與方向，多數終究還是出自於「應然」的理念與理想，但是這些理想能不能在實然的教育環境中落實，那就是另一個問題了。

教改挫敗的原因探索

自一九九六年行政院「教改諮議報告書」提出至今，匆匆已過了十四年。當初，該會提出了教育改革的五大方向（人本化、民主化、多元化、科技化、國際化）與五項建議（教育鬆綁、帶好每位學生、暢通升學管道、提升教學品質、建立終身學習社會）。坦白說，這些方向與建議可挑剔之處不多。教改諮議報告書完成以後，就提交行政院轄下的教育部推動執行。十二年來的教改模式，基本上就是劃分為前述的「理念鋪陳」與「政策推動」兩大塊。

乍看之下，這樣「先理念、後政策」的教改步驟，並沒有任何不妥。但是不可諱言，過去十多年，台灣社會對於教改確實普遍地失望。不只是失望，甚至有將「教改」汙名化的傾向。根據許多媒體報導，在最近數年推動教改之後，中小學生的功課壓力反而比之前更重，而補習班的生意也比以往更興旺。這樣的升學競爭情況，明顯與教改「讓孩子們快樂學習」的理念相牴觸。此外，幾乎所有的升學補習都是強化對智育筆試成績的競逐，這樣的一元化填塞，無論如何也是有悖教改會「多元化」理想的。為什麼教改推動了十多年，卻在若干面向得到相反的結果呢？這是我們要省思的出發點，也是後續建議的起始點。一九九六年教改諮議報告書涵蓋的面向很廣，但是社會上爭議較大、反彈較大的，則是中小學教育的部分。因此，以下析論的重點，集中在這方面，暫時不談論高等教育的議題。

就中小學教育而言，如果要對當前教改的困境一言以蔽之，也許可以用以下的描述涵蓋：「教改多元化的理念與政策，和當前台灣社會普遍的升學價值取向，有相當程度的扞格」。就教育理念而言，一九九六年的教改討論，有部分背景是相應於解嚴不久的台灣社會，因此諸多的教改方向，都有從壓縮一元邁向開放多元的影子。無論是教科書一綱多本、師資培育管道開放、大學高中的開放設立、終身學習的推廣等等，都有邁向制度設計多元或生涯規劃多元的傾向。就許多方面而言，「多元化」走向都沒有爭議。但是就課綱設計、教材內容、升學取向、學校選擇等與升學有關的政策而言，多元化卻經常有四處碰壁的跡象。

兩種價值的牴觸衝突

以教科書「一綱多本」政策為例，我們就能看出其中的困境。**「一種課綱、多本教材、分校採擇」是全世界先進國家的應然模式，也是教育多元化的理想。**然而，台灣教育的實然環境，卻是家長希望孩子升學、都想讓他們進入明星學校、都期待子女成龍成鳳。在明星學校名額有限的客觀環境下，前述父母的期待，就以激烈升學競爭的形式呈現。於是，教材越是多元，考試範圍就越廣，學生的升學壓力就越大。簡單地說，應然面的教材多元，就與實然面的學習痛苦產生了衝突。

經濟學中有一著名的「次佳定理」，其大要如下：假設從目前的不理想狀態走向經濟最佳狀態，共有五件事要做；如果因為種種原因，我們無法五件事都做，那麼只做其中兩件、三件或四件等局部的努力，有可能使情況更糟，而不是趨向改善。以教改為例，如果大多數父母親的一元化升學價值不改，那麼單單使教材多元化，結果可能反而導致孩子們更痛苦。不幸的是，經濟學的次佳理論，竟然在台灣的孩子身上得到了映證。

有人說，家長們不該只重視升學、讀書也不是子女唯一出路。這些大道理都沒錯、也都言之成理，但是聽不聽得進去、接不接受，卻是學生家長的自由，勉強不得。以社群主義（communitarianism）的哲學理念來說，一個社會的價值觀念，是有相當的歷史淵源與情境背景的。華人千餘年來受「萬般皆下品、唯有讀書高」的觀念浸淫，再經歷數百年來科舉考試的唯一進階機會，升學文化的社會情境幾乎已深入民心。在民主社會，「人民最大」；如果家長的想法堅定不移，教育行政主管就只能迂迴設法、溝通再溝通，做廣泛的、長期的、有深度的對話；一方面彼此交流觀念，另一方面也能了解雙方的落差，進而調整方向、甚至調整政策。

正因為教改觀念與社會情境有所衝突，所以過去數年教育當局許多的改革，都只能集中在考試方式、招生名額比例、計分等等面向，卻改不了社會觀念。這些考試改革不是不重要，但是比較集中在技術面，與學生家長的升學觀念極少交集。準此，基測或學測成績組距的細節調整或部分資訊揭露，都只是技術細節，不應是教改的主體。將來的教改方向，不能僅在考試科目、計分、組距落點等片段性、局部性細節上打轉，而要著重觀念性、根本性的溝通與對話。

社會價值沒人敢攖鋒

前文提到教育主管要尊重社會大環境，這點非常重要。如果不這樣做，不但收不到教改的效果，可能造成學生家長更重的負擔。以國中基測為例，照理說，國中基測只是「基本」學力測驗，各個高中可以依據自身特色，而訂定第二階段的入學檢測門檻。但是，在廣大學生家長的強力升學競爭壓力下，高中之優劣排名早已深植人心，而為了升大學預作準備，家長們對其他非關升學與智育訓練的特色，絲毫不感興趣。因此，所謂高中特色始終難以建立。而在社會大眾競爭公平的期盼下，明星高中也不敢擅自設計招生的篩選標準，以免招致優惠特定群體、招生辦法不公的批評。於是，基測推動多年之後，各校大抵還是依照基測分數做為錄取標準，而基測就成為變相的聯考，卻完全達不到基測原本設定的「基本」門檻測驗目的。

此外，在基測題目變簡單之後，既然考生拚考明星學校的企圖未變，則題型簡化只會逼使學生強化「熟練」、「不犯錯」；這樣下去，學生的想像力不是越來越退化嗎？我們離「多元化」的教改理念，不是越來越遠嗎？當孩子們為了習慣解題不犯錯而加重補習時，我們的教育不是更偏離「人本化」了嗎？

怎麼辦呢？當應然面的教育方向與實然面的家長期待有重大落差時，怎麼辦呢？坦白說，在民主國家，我們非得尊重人民不可。無論如何，所有的教改措施，都不能有父權心態，也都必須要以得到（或喚起）家長、老師的支持為要件。若干年前，台灣社會在爭辯是否要公布某些地區的基測成績組距。當時的教育部長反對公布，因為那可能會助長家長們選擇明星學校的企圖。但是這位部長也說，如果大多數的民意都支持要公布，他也只好同意開放。沒錯，這就是應然面教育工作者對實然面社群價值取向的尊重。唯有在尊重廣大人民心底價值的前提下，我們才有調整教改方向的基礎。

我們的教改當局有沒有與學校、老師、家長、學生溝通的習慣呢？完全沒有。以二〇〇八年教育部宣布新的九八課綱為例，公布不久立即受到許多知名高中校長的評論，顯然也表示當局溝通不良。教改要能成功，必須要政策得到學生、家長、老師的廣泛支持。少數的細節教育政策，或許可以直接推動，但是大多數教育政策則不能如此莽撞，必須要著重對話與溝通平台。

溝通平台須儘快建立

就歷史來看，溝通平台的重要性國內外其實也有不少先例。許多「社會運動」研究指出，當民間的挫折與抗議無法有效傳遞給執政當局時，就會有相當的不安。如果教育當局的政策沒有平台與民間溝通討論，又要強行推動，則又必然會形成阻力與挫折。過去數年，教育主管當局與廣大中小學學生、家長與老師之間，沒有制度性的溝通平台。我不敢說這是教改唯一的問題，但相信這絕對是最重要的問題之一。

在全球化的衝擊、對岸的競爭、社會變遷的多重影響下，台灣的教育改革不但是一條必須走的路，更要積極前進、不宜迴轉。在這樣的環境下，教改必須再出發，才能讓台灣社會的教育跟得上時代的需求。希望將來的教改推動，能夠改變以往從理念到政策的直接跳躍，而著重中間層的溝通與對話銜接。具體而言，或許可以朝以下方向推動教改的重新出發：

一、建立平台：請教育部協調設置教改溝通平台，結合各級中小學的資深教師、教育行政同仁等關心教育人士，定期對政策與問題提出檢討。

二、多元討論：對有助於多元價值推廣的事例，前述平台也應該有系統性討論的機會。文化多元並不是憑空而降，必須輔之以實體事例，理念才能漸漸融入社會。

三、穩定變革：對於目前推動的諸多教改方案，暫時不要貿然更動，先讓家長及學生對制度的預期穩定了，再透過前述平台逐一檢討改進。

四、觀念推廣：不論是文化多元、通識教育、終身學習、教師進修、家長期待、學生心理、價值取向等方面，社會都有持續對話的必要。這樣的持續對話，必須耐心地推動。

教改是一條漫長的路、是一條不得不走的路。由於教育活動牽涉到數百萬的學生與家長，它涉及的意見一定很分歧。因此，基於民主觀念或現實考量，這數百萬的基層聲音都不能輕忽。以上的意見，只是我們對教改的診斷；值得將來的教育工作者參考。

10 教育背後的「公民」期待

教育研究者常將教育過程切為兩塊，其一是基礎教育，包括國小、國中階段，其二是高等教育，指的是專科、大學階段。至於處在基礎與高等之間的高中，則是兩者的銜接，介於灰色地帶。大體來說，台灣的教育問題我們也可以比照切割成基礎／高等兩個面向來談。

在中、小學階段，學生學習的內涵都是通識。即使進入大學，頭一、兩年的時間其實還是在學習通識，到大三以後才真正進入專業階段。但通識教育究竟是什麼呢？這需要一番解說。

通識教育，利於向心力

「通識」顧名思義是指通達貫穿的知識，字義上不難理解，但何以成為教育的關注重點，則是值得討論的課題。依據通識教育泰斗何欽思（Robert M. Hutchins）校長的見解，通識教育的必要性，是相應於過去數百年科學分工、深入專業的趨勢而來。科學的本質就是對分工的特定領域專注而深入，以便累積既有、快速創新。

但是在科學分工之下，如果大學教育也比照切割，那麼學生所學就會傾向窄化、集中。然而社會是一個不易分割的整體；訓練窄化的社會個體彼此之間難免會有較大的距離。何欽思校長也指出，當社會成員彼此之間因術業各有專攻而不利於溝通對話時，社會的「離心力」就會增加。通識教育之所以日趨重要，其實是相應於專業分工加劇、社會離心力漸增而來的。

然而另一方面，要理解世界整體，並不表示要理解現存所有的紛雜學科；這不僅不必要，也根本不可能。因此各國的通識教育，都是築基於自然、生命、人文三大領域內的「基礎學科」之上。至於其他在基礎知識之間的種種演繹面向，則留待學習者日後視需要漸漸自行補足。此外，依據人本教育的理念，既然要增加人與人之間的「向心力」，當然應該以「人文關懷」去貫穿理解龐雜的知識。從這個角度來看，通識教育當然就與人文、社會等「與人相關」的知識薰陶關係密切。有人將通識教育視為一種博雅教育（liberal education），強調其知識內涵對人的解放（liberate）功能，也是基於類似的人文理念。何欽思校長認為，大學教育「不是要訓練技術，而是要培養公民」，這是人文關懷的實踐性描述。

在學校教育層次，要如何落實前述通識與人文關懷的理念呢？我們可以分不同層次來談：首先，就實體校園環境而言，一個彼此尊重、充滿人文藝術氣息的校園，當然是重要的。學生在這樣的環境中漸摩濡染，絕對有助於個人人文理念的薰陶。其次，有些人文活動或創作機會，例如繪畫、音樂、書法、舞蹈、各種沙龍等，當然也有助於學子通識教育與人文涵養的孕育。最後，則是正式的課程教育。我們很難說前述環境、活動、課程三者何者最重要，但是一般而言，課程是最能嚴謹規劃、最能深入、最能在思想面銜接貫穿的學習設計。

通識是體，教養是用

有了上述的通識理念背景，我們就可以進一步談談它的應用。二〇〇四年總統大選辯論會時，當時，黃崑巖教授提了一個非常基本、卻又極具震撼力的問題：他問候選人「什麼是『教養』？」這個簡單的問題，幾乎使陳水扁、連戰兩位候選人不太答得出來。事後，聯經出版公司請黃教授寫了一本名為《談教養》的書，詳細闡述他的教養觀點。教養是什麼，其實非常難以描繪。黃教授的解釋很好：**教養像是風，見帆動即知風過；我們看一個人有沒有教養，就要在接觸這個人時，觀察他對外界事務的見解、反應、談吐、判斷、風格。**

我們可以將前述的見解、談吐、判斷等分為兩個層面來談，其一是外在的儀態，其二是內在的修為。許多人都把教養窄化為待人接物的輕聲細語，強調謙沖敬謹的儀態；但那只是教養的外顯特質。社會上其實有許多一肚子歪點子、卻能輕聲細語談話的大壞蛋。想想電影「教父」的情節吧：馬龍白蘭度與羅伯狄尼洛所飾演的老教父，不也是話語輕柔嗎？他們若是問你「最近女兒好嗎？」往往是威脅逼迫就範的婉轉說詞，本意卻是「否則將對你女兒不利！」即使有大哥級的人物如此輕柔詢問，我們也不會說他們有教養吧！

之所以要以黑社會老大的溫婉儀態做反例，就是要凸顯：教養絕對不能簡化為外表的談吐儀表。談吐溫文固然是教養的必要條件，但是一個人內在的知識內涵，才是「誠於中形於外」的關鍵。然而這知識內涵究竟指的是什麼呢？**黃崑巖教授在他《談教養》書中一再指出，內涵其實就是國外許多大學的「通識教育」**。

如前所述，許多國外知名學府（如耶魯、哈佛、東京大學等），大一與大二兩年都不細分專業領域，而希望學生們能獲得廣泛通達的均衡知識，到了大三之後才真正進入專業領域學習一技之長。**知名大學要求在專精之前先廣博吸收，就是希望各行各業的大學生都能或多或少理解其他的專業、欣賞別人的特長、涵養人文的優雅、判斷社會的是非**。一個人有了這些通識涵養，才可能誠中形外，在談吐儀表上適切表達，呈現出「有教養」的外顯特質。反之，如果通識涵養不足，甚至對人文社會的理解有很大偏差，即使是合乎禮儀地表達出偏狹歪理，外界也會認為這個人失言或失格，絕對不會認為此人有教養。

琴棋書畫法政經社

從通識教育的內涵來看，由於所有專業人士的接觸對象還是以人為主，所以通識的內涵比較著重在人文與社會，而與自然科學或生命科學的關聯相對而言較弱。何欽思說，**教育不是為了訓練專業，而是為了培養「公民」；這裡所指的公民素養，就包含人文與社會的廣泛知識**。因此，公民素養的知識內涵，當然與社會環境息息相關。在古時候，社會結構與互動並不複雜，教養的內涵頂多就只是黃宗羲在《明夷待訪錄》學校篇中所說的「詩書寬大之氣」，是一種人文薰陶與鑑賞能力的總稱。但是到了現代社會，僅擁有人文知識已經不夠；任何人如果要見識得體，就必須對社會知識有些基本理解，否則失言的機會很大。

以台灣對中國大陸的學歷採認為例，以前的社會，沒有全球化的衝擊、沒有自由貿易區、沒有學歷文憑、沒有證照制度、沒有多少人是跨國勞工，因此當然也就沒有「台灣是否該承認大陸學歷」的辯證問題。現在，論者面對這樣的問題，如果不能區辨學歷、證照、就業等管制的內涵與區隔，就會莫明奇妙地因為擔心就業衝擊而主張禁止採認大陸的學歷。如果有這樣的認識偏差，推究其中原因，就是源自於對證照與移民就業管制的社會意義，理解有所不足。

網路、貿易、證照、學歷等等，都是社會科學的通識內涵，也都是現代人應有的基本素養。以往一個人如果能有「知書達禮」的人文修為，內在涵養也就足夠了。但是現代社會則比以往複雜許多；除了人文素養之外，必須要對法律、政治、經濟等社會整體運作邏輯有所掌握。一個人在二十一世紀如果不太理解權力分立的原理、憲政主義的精神、市場運作的邏輯、社會運動的本質，即便悠遊在琴棋書畫的人文世界中，都難免還是會有極為謬誤的見解，不能算是何欽思校長口中的理想「公民」。如果是將這些謬誤見解大剌剌地對外抒發，就算是輕聲細語，也難稱得上得體，當然就更談不上教養了。

拉高視野，終生學習

在當下這樣一個經緯萬端的現代世界，我們周遭的社會環境也是隨時在改變。二十年前，我們沒有綿密的電腦網路、沒有基因科技、沒有知識經濟的衝擊、更沒有全球暖化的認知。既然我們面對的社會每一天都在變，而我們所應具備的法政經社通識，也就日日在更新。因此，通識的內涵要倚賴終生學習的充實，而教養則是一個終生追求的目標。孔子七十歲時自諭能「從心所欲不踰矩」；在到達那個境界之前，我們每個人都還稱不上有教養。**教養二字清談不難，要身體力行，那才真是個挑戰，終身都是挑戰。**

前文也提到，通識教育的目的，是要減少社會離心力。什麼是離心力呢？甲愛台乙不愛台、甲是台灣人乙是中國人、甲念理工乙為詩人、甲親藍乙親綠，這些都是離心力的具體實例。為什麼通識教育有助於減少社會離心力呢？我們用個例子就能說明。

一九九六年行政院教改會的某次會議，邀請一位台大教授前去演講。這位教授描繪了教育的目標、願景、構想等，但演講後某位意識型態僵硬的教改委員，想逼教授表態，問到：「X教授，你所描述的教改目標與願景，是要把我們的孩子教成台灣人還是中國人？」當時，在場委員一陣錯愕，不知要如何回應。但是這位教授從容答道：「報告O委員，**教育的目的是要教我們的孩子如何做「人」；學會做人之後，他自己就會選擇要做台灣人或中國人。**」

這樣的教育的高度與格局，就是**通識教育該有的高度與格局**。台灣人／中國人是政治人物對台灣人民的二分切割，藍／綠是其對政治氛圍的二分切割，但是這類二分，都是在一條線上的左右兩端，都不能超越左右，凌跨到更高的視野格局。教育，本來就該是在政治之「上」的、是超越統獨的、是協助人民理解藍綠、批判藍綠、督促藍綠、選擇藍綠的。正因為如此，教育是要幫助孩子們孕育完整圓融的思考，成就其個人的公民視野，以便將來在政治場域中做自己的選擇，做自己的主人。

如果在教育的過程中加進了灌輸、強制、甚至洗腦，那就根本違反了教育的啟蒙與解放意義。這樣的教育，只是使子女成為父母或老師一系思考的繼承者，而不是自己生命的開創者。簡單地說，就公民的意義而言，**教育就是要教孩子們尊重他人、理解社會、包容異見、欣賞多元。這些，都是在教我們如何做「人」**。

面對社會不同的政策取向，每一位公民都該發揮他的教育素養，先學會做人、學習如何尊重他人、如何在言詞辯論與利害分析上說服對方、如何服從議事規則、如何在議會內從事抗爭。就算一方有程序瑕疵，使得他方要以示威抗議的方式做議會外抗爭，那也要符合非暴力的最低規範，無論如何不能恣意。如果因為別人的想法與我不同，我就可以對他恣意暴力相向，那我就是不了解民主、不了解「公民」的意義，需要再教育。

在臺灣當前的特殊教育與政治環境下，通識教育課程的重要性也格外凸顯。如所周知，在升學壓力下，臺灣的高中教育分流甚早，許多高中生在高二就鑽進自己將來學測與指考要考的領域，不再認真修習其他學科課程。以何欽思校長的話來描述，臺灣教育環境的離心力更大、向心力更缺；整體而言，臺灣各大學通識教育課程規劃的重要性，也就更為明顯。目前各校的通識學分僅約三十，扣掉若干語文訓練（而非文學涵養）的學分，真正的通識學分更少。此外，台灣的政治長期沉陷在統獨藍綠的糾葛之中，孩子們如果不能在公民教育中學習尊重與包容，那麼未來的紛擾與對立將難以止息。唯有從教育面做紮根的、漸進的改變，才能針對這樣對立的社會氛圍做根本的治療。

台灣的民主還有很長的路要走；追根究柢這似乎是因為台灣的通識教育還有很長的路要走。

11 怎樣才能創造世界級大學？

行政院科技顧問會議在一九九九年曾經做出決議，建議政府「遴選至少一所大學，給予足夠資源，使其達到世界級水準」。其後兩年之間，政府似乎沒有認真執行，而「世界級水準」的大學至今仍未在台灣出現。於是在二〇〇一年的科技顧問會議中，與會者將他們兩年前的建議又重提了一遍，希望能得到相關部門的重視與正視。科技顧問們之所以要將前述意見一提再提，就是因為台灣目前不但沒有世界級的大學，而且似乎也沒有世界級大學萌芽的跡象。面臨以知識經濟為主體的二十一世紀，如何才能提升大學的水準，確實是個迫切的問題。直到二〇〇三年，台灣通過了「五年五百億」方案，要以每年一百億的預算規模，撥給少數幾所有潛力的大學，希望他們能邁向世界一流。在二〇〇三與二〇〇七年，教育部分別辦過兩次五年五百億的甄審，我們都有參與審查。有關經費補助的官僚思考容後文再述，現在先說說大學的結構性問題。

一流大學的夢想

當我們提到「世界級大學」的時候，科技顧問們心中所想像的，絕對不是指「大學生籃球隊打冠軍」或「大學教師橋藝賽第一名」，而一定是指大學學術研究的聲譽，能在全世界的評比尺度上取得領先地位。大學裡的教學與研究都很重要，但是前者不易有跨校的客觀衡量，很難評比出哪一所學校「教學第一」。然而科學方面的研究則不然，有許多客觀指標可供對照；即使我們分不出哈佛與史丹福誰第一、誰第二，但要區分出「一群」第一流的大學，卻不是什麼難事。接下來的問題，則是如何使台灣的大學邁向這個目標？科技顧問們所提出的「給予足夠資源」的建議，是否能夠達成這個目標？

即使讀者本人不在學術界服務，多少也應該能體會學術研究突破創新、追求卓越的特質。由於前緣的創新突破一則需要頂尖的研究人才長期投入，二則往往需要相當儀器設備等硬體的支援，所以「給有潛力突破的研究者更多的資源，以促成其突破」似乎是大多數人都能接受的觀點。也正因為如此，學術界非常反對平頭平等，也都歡迎種種追求卓越的激勵措施。行政院科技顧問的建議，其實也是一種「去除平頭平等、追求學術卓越」的呼籲。然而從現實的角度來看，台灣的大學營運環境，除了「經費」外，似乎有許多制度面的障礙必須克服。我們甚至擔心，如果這些制度面障礙不能有效排除，也許「集中經費」把錢砸在一兩所大學，卻未必能達成提升大學水準的目標。以下，我們先指出阻礙台灣高等教育發展的多重障礙，然後再向讀者解釋：促進大學之間的競爭壓力，是去除這些障礙最好的辦法。

大學民粹的扭曲

台灣高等教育發展的第一重障礙，就是法令規章的扭曲，而其中扭曲最嚴重的，就是現行的大學法。舊大學法第十三條規定，大學的校務會議是校務最高決策會議，議決校務重大事項，且其中教師代表人數，不得少於全體會議人員的二分之一，而學術與行政主管又都是當然校務會議代表。在這樣的規定之下，只要是稍具規模的大學，由於系主任、院長等當然代表動輒上百，再加上人數必須更多的教師代表，校務會議的總出席人數可達兩、三百人。兩、三百人的校務會議其實本身就充滿了民粹色彩；其組成方式只顧涵蓋各種單位或利益的「代表性」，卻無從涵納研究突破所不可或缺的前瞻性與專業性。因此，大學校務會議除了效率不彰之外，其民粹設計也侷限了大學菁英引領研究走向的功能。由**這樣一個民粹性質極重的吵擾會議去議決大學的重要法規、校長產生、評鑑辦法、校務發展，幾乎注定是台灣各大學邁向世界一流的阻力。**

新大學法在二〇〇七年將這條修正了，只說校務會議議決校務重大事項，不再有「最高」兩個字，語意弱了一些，但還是有相當的拘束力。此外，教師代表人數大於二分之一的規定還在，另外又增加了學生代表、職員代表、研究人員代表、其他代表等包山包海的成員，民粹氣氛並沒有什麼改變。

一個民粹的大學校園不但不利於研究前緣的突破，也不利於吸納傑出的管理者與研究者。國外一流的知名大學為了要延聘傑出的校長，在遴選校長的過程中總是對可能的傑出候選人極度尊重，而且經常以秘密的方式處理，以免當事人曝光而造成困擾。但是台灣的許多大學，在民粹歪風的洗禮下，卻喜歡用校園教師直接或間接投票的方式去票選或篩選校長。其結果往往使外界的優秀人才望而卻步。憑良心講，諸葛亮是要三顧茅廬請來的，而不是毛遂自薦被人家品頭論足的。民粹氣氛容易造成善者不來，也使大學喪失許多尋找好校長的機會。

此外，民粹的校園也不利於挖角、留任傑出的教師。國外一流大學不論在薪給、授課、升等、長聘、講座、研究設備、甚至眷屬聘任、停車位各方面，都給予傑出教師相當的彈性禮遇。反觀國內，不但大學教師的待遇受到僵化的約束，即使是講座的聘請與補貼，也缺少大開大闔的氣勢，根本無法發揮吸引頂尖人才的功能。若干大學甚至在民粹的氣氛中，形成教師「輪流做莊」當講座的惡習，完全喪失講座設計的意義。

如前所述，教育部在二〇〇七年修改的大學法，企圖將前述誤國誤民的「民粹大學法」中諸多疏失併予改正，但成效不顯著。我們想要強調的是：「去除大學校園民粹」是科技顧問所提「建立世界級大學」的前提。如果大學法制度的限制不能改變，那麼投入再多的大學資源，恐怕也是花費在無益提升大學水準的雜事上，既不能吸引一流人才加入，也不可能使大學邁向世界一流。

從研究的角度來看，民粹環境之所以不利於一流大學的發展，直觀上推理也相當簡單。「一流」就是要傑出拔尖，而民粹就是強調平民主義、就是反菁英的。民粹的校園當然難以接受「某甲薪水是某乙的五倍」。但如果要在國際上競逐一流人才，就非得有極大的差別待遇。此外，就算某大學努力在校內建立了差別薪給，如果是校園民粹之風未改，也不太敢有人去該校領高薪，否則走在校園裡都被別人嫌死！

評鑑機制的封閉

高等教育發展的第二重障礙，則是研究獎助評比的一元化與封閉化。科技顧問們之所以建議設「一所」世界級大學，就是希望集中力量，不要在多方壓力之下，「大家分一小口、大家都吃不好」。但是，國內的學術環境恐怕是誰也不服誰，而教育主管當局似乎也沒有人敢違逆眾意、獨斷獨行。以五年五百億的甄審為例，教育部規劃設立公私立大學的撥款委員會，希望藉委員會的整體公信力，抵擋各界的壓力，破除撥款的平頭平等。但是，撥款分配當然是要以大學評鑑為基礎；如果國內學術界的評鑑機制不能改進，我們恐怕很難期待教育部的撥款委員會能發揮多少功能。

前段提到台灣評鑑機制封閉的現象，須進一步解說。長久以來，台灣民間都熱衷於宗教或政治捐獻，但是，對大學或研究機構捐款的風氣卻不盛。因此學術界的研究獎勵或補助，大都是由政府機構所設計、頒發。由於各個獎勵項目推出的時序有別，於是後來的獎助設計，就自然會設法與先前的獎助有所區隔。久而久之，各種獎助在國內各大學或研究機構裡，就形成一套制式的「勳章排列表」，例如，由下而上是國科會甲種獎、優等獎、傑出獎、教育部學術獎、國科會特約講座、傑出人才講座、教育部國家獎座、總統科學獎，依次而升，井然有序。此外，各種獎助大多分科頒授，所以前述勳章排列表，幾乎只在各個領域之內獨自適用。如果在每個領域之內形成的勳章排序表，不能與國際學術界有所對照比較，那麼就會產生僵化的閉鎖效果。

比如說，有些領域的研究者能夠在國內的該領域，拿到好幾枚「青天白日勳章」，但是在國際學術舞台上，卻可能連基本的知名度都還不夠。此外，同樣是拿三次國科會傑出獎或教育部學術獎的兩個人，在甲領域與乙領域的國際地位意義就可能截然不同。因此，如果國內各大學都已經習慣於教育部與國科會種種獎項的評鑑，那麼將來公私立大學的撥款委員會，恐怕也很難自外於已然深植人心的一元化評鑑指標。但是，如果台灣的動章排列表與世界水準之間的遠近距離差異頗多，那麼依據本地各大學的動章統計表，去決定對各大學的撥款，也將與「世界一流」扯不上什麼關係。講得更明白一點：如果我們的目標是將大學研究水準推向世界一流，那麼將來對各大學的撥款，就一定要設法將撥款的準則與世界級的研究前緣銜接；如果是自陷於國內既有的僵化評比規格，只是對國內排名第一的大學用力撥款，那麼很可能只是在浪費教育資源。

競爭壓力的不足

台灣高等教育發展的第三種障礙，則是政府補貼的影響太大，而學術競爭的壓力卻又太小。前述五年五百億的預算大餅審查、或是科技顧問會議中建議「給大學足夠資源」，其實都只是要改善教育部由上而下的分錢機制。但是當一所大學錢多了、夠了，它有什麼動機去改進呢？它有什麼誘因往世界一流去發展呢？一所可以上進的大學幾十年來都還不夠上進，難道只是經費問題？難道有了錢就自然有惕勵奮發的動機？難道校長沒有一點責任？我們都了解「有錢好辦事」，但是問題是，「**有錢就一定會去辦事嗎**」？

也許我們換個角度來分析，更能令人了解我們所謂的「競爭壓力」。在過去幾十年來，台灣許多產業的營運效率都在提升；我們在電子、電訊等若干產品方面，至今都還有世界級的競爭水準。有許多資深經濟學者指出，雖然政府一再以租稅、補貼、保護等手段刺激產業提升效率，但是，過去五十幾年來真正對產業效率提升貢獻最大的，其實是來自美國的壓力。每次老美壓迫我們開放某個市場，那個市場的營運就迅速改善。每次老美以三〇一條款脅迫台灣某行業取消特定保護，那個行業的效率往往就隨之提升。所以簡單地說，**「競爭壓力促進改善」**，這幾乎是人類社會幾千年來的發展鐵律。更過分的情況，即使只是潛在（尚未實現）的競爭壓力，都足以逼使既有者改進效率；這是鮑默（W. Baumol）教授的著名理論。

十幾年前，台灣有不少產業經營效率都很差；有的產業以傳統方式管理而績效不佳，有的產業則因特權穿梭圖利而欠缺市場秩序。老美壓迫我們開放市場，絕不是為了台灣產業好，只是為了加入市場圖利。但老美的威脅，卻能使不少（原本有千百種理由抵拒開放）的國內廠家幡然改變。原先國內諸廠種種看似南轅北轍的弊病，都在「外國競爭壓力」一帖藥方之下迅速痊癒；這就是「競爭」這帖特效藥的功力。同理，台灣高等教育發展的障礙頗多：法規不良使得大學內的運作欠缺效率、評鑑封閉使得大學之間的評比欠缺激勵作用、校園民粹使得大學裡的頂尖人才不能出頭；這些毛病看似紛雜，但只要外在的競爭壓力足夠，我們的大學體系自然就會調整改進。經濟學家總是鼓勵競爭，因為競爭確實是提升營運水準的特效藥。

長跑佳績的刺激

我們可以將前述競爭壓力的觀點，再拉回補貼大學研究的討論。當我們想挑選一所大學、給予足夠資源的時候，當然是要挑一所國內最好、最有潛力的大學。但是真正要刺激這所大學往世界水準邁進，就必須要讓該大學面臨「隨時可能被其他大學趕過」、「表現若不行、隨時可能資源中斷」的壓力。舉例而言，如果甲、乙二校是台灣目前最好的兩所大學，指標評分也許分別是一二〇與一一〇，而「世界級大學」的指標分數卻是三〇〇。假設我們挑甲校（一二〇分者）為標的，給予大量資源，那麼也許兩、三年後，甲校的評分變為一四五，乙校仍然為一一〇。這時候，甲校的分數與世界水準仍有天壤之別，但是甲、乙二校之間差距卻更擴大了。甲校此時穩居台灣第一，與乙校差距拉大，經常陶醉在「台灣的柏克萊」、「台灣的劍橋」等讚美聲中；偶爾再加上一點「本土一流大學」的魔咒，更是志得意滿，他會有什麼動機向前追趕遙不可及的世界級對手呢？

就像跑長跑一樣，如果要使某甲跑得快、創佳績，非常需要有人在甲的後面半步緊追不捨，隨時威脅甲的地位。像哈佛、麻省理工學院等名校，他們的壓力絕不是來自美國政府，而是來自柏克萊、史丹福或牛津等前前後後、亦步亦趨的伴隨者。正因為有這些強烈的競爭者，才使得哈佛與麻省理工學院全力以赴。但是在台灣，即使給龍頭大學大筆經費，我們卻看不出有多少挑戰國內龍頭大學的機制。而龍頭大學在經費充裕之後，恐怕也很難有足夠的壓力去向前追趕。我們所謂競爭壓力不夠，就是這個意思。

社會上經常有一種錯誤的觀念，認為「如果社會的需求量只能容納N家供應商，那麼當第N＋1、N＋2家廠商申請設立時，就應該拒絕他們執照申請，以免浪費資源」。這樣的錯誤觀念不但形成了早年國內航空業、固網業的管制政策，也對近年來教育開放的做法有所影響。這種觀念的錯誤之處在於：事前，我們不知道哪些廠商才是有效率的；因此，必須開放N＋1、N＋2家廠商加入競爭，由市場壓力去淘汰一些沒有效率的經營者，最後剩下來的N家廠商，才是真正不會浪費的廠商。同理，我們恐怕不能「只挑一所大學」給予大量的資源；必須要使「這一所」大學隨時有被取代的可能，他才有動機善用資源，也才有可能邁向一流。

國際名校的競爭

前述國內大學發展的三種障礙——民粹扭曲、評鑑封閉、競爭壓力不足——都是由來已久，似乎很難在短期間改變。從教育部的立場來看，至少我們可以從大學法再修訂開始。但是如果要問經濟學家的意見，那麼我們的建議一定是從增加競爭壓力著手。

我國加入WTO後，有許多人擔心：開放外人來台設私立大學校院，會造成市場競爭激烈、若干大學招生不足而被淘汰。但是從競爭壓力的角度來看，我們卻真希望能有世界一流大學來台灣設分校，這樣不僅能加速現有三流大學的淘汰，也能給現有的龍頭大學一些進步的壓力。大學之中有極少數研究領域是「只」與本土文化有關的；對於這些方面，外來的競爭也許未必有多少助益。但是對理、工、農、醫等與地域限制關聯較少的科學範疇，與國際接軌、同步競爭，其實是有百利卻難見一害的。

相反的，如果我們大家始終不敢接受國際的挑戰與壓力，那麼即便國內排名第一的大學在門面上掛滿了許多國內的動章、獲得了許多國內的資源，卻恐怕仍然與「世界級」相去甚遠。台灣的學術界當然可以選擇「關起門來做皇帝」，但市場競爭的法則告訴我們：所有關起門來做皇帝的人，最後都得「打開門去遞降書」的！

專業評審的無奈

要討論台灣為什麼某件事做不好，十之八九都會扯上政治；討論大學為何不長進也不例外。前文提到，過去教育部辦過兩次五年五百億的撥款審查，但每次都是瞻前顧後，不敢真正按學術潛力去審。有時候要考慮南北平衡、有時候要顧及表面上的科技／人文對等、有時候某些審查委員似乎與特定大學「關係黏得化不開」、有時大學甚至發動媒體遊說施壓、有時連總統都會對個案關切。這麼多雜七雜八的考量因素，你說是世界幾流的做法？

在二〇〇七年的一次審查會中，原本評審委員決定九校獲選，其中並不包含某校。於是，該校校長展開類似匪諜的功夫──「拉關係、套交情、搞派系、弄糾紛、摻沙子、挖牆角」，直弄到總統約見教育部長，活生生把十幾位海內外評審委員（內含好多位中研院院士）的審查結果推翻，硬是加進了某校。有這樣的政府運作，我們的大學還有邁向一流的可能嗎？大學校長的作為如此像是匪諜，你認為該校有可能變成一流嗎？

12 教育是為了經濟發展嗎？

李遠哲先生於二〇〇一年全國教改檢討會議中提出「廢高職」的構想後，社會各界也出現了不少反對聲音。前任教育部長、現任監察委員、大學校長、技職司長，都先後表示不宜輕言廢高職，他們的理由不外乎「技職教育是台灣經濟發展的命脈」、「目前公私立高職已有招生不足現象」等等。二〇〇八年競選總統時，馬英九先生的政見中竟然有一條「高職免費入學」，後來教育部也曾嘗試推動。外界都弄不懂，為什麼二〇〇一年政府要廢高職，七年之後卻又以免學費的方式鼓勵大家讀高職。也許我們得細說從頭，才能讓大家了解高職教育爭議的環結。

人力規劃指導招生

其實，大部分主張「廢高職」的人並不反對職業教育，而是希望以綜合高中去取代現設的高級職業學校。許多人之所會有這樣的主張，是因為台灣在二〇〇一年的高職／高中比，相對於世界上大部分先進國家而言，實在太高了。世界各國高職生佔中學生（含高中及高職）的比例大都在三成以下，只有極少數國家超過三成。

台灣的高職學生比，在一九六〇年代大約不到四成，到一九九五年上升至七成上下，到二〇〇八年又下降至四成以下。

為什麼台灣的高職／高中比會有這麼奇怪的變化？這大概與早年的經建規劃有關。我們看一段當年經合會（經建會前身）記載的文字，就能夠略悉端倪。經合會在一九七三年的一份報告中指出：「台灣地區長期經濟發展計畫已列有高級科技人力發展指標，將自民國五十九年每萬人口中三十一點五人，增至六十九年之六十三人。本計畫期間（一九七三年至一九七六年），除針對上述目標加強研究所及大學有關學科教學，以提高其素質外，並採取下列措施：依照科技人力指標，規劃理、工、農、醫四類招生名額，並提高與社會人文科系招生人數之比例為五十五比四十五……」。於是，教育當局也就依照前述提示，核定其招生名額。

類似這種計畫經濟的思考，不但主導了大學專科各科系的招生人數，也主導了全台灣高中／高職比例的分配。在一九六〇至九〇年間，負責台灣經濟政策的人認為，台灣未來需要的是簡單加工型的技術勞力，所以政府多年來只容許高職的設立，卻不准新設高中；經年累月下來，於是造成了當年居高不下的高職／高中比。有些人看到高職招生人數與台灣經濟的同步發展，於是推論職校對經濟發展的貢獻，進而得出「要繼續拓展高職教育」的結論；然而這樣的推理邏輯是不對的。高職與台灣經濟一起成長，只是表示兩者之間有正關係，並不表示其中有什麼因果關係。其實，台灣教育的普及也與犯罪率的上升有正關係，但是，大概不會有人因此而認為「教育是犯罪的原因」，更不會有人主張「為了提高犯罪率而辦教育」。也許我們的經濟專業還不能論斷高職是否真的是台灣經濟發展的命脈，但可以肯定的是：經濟發展、人力規劃的思考，數十年來確實主宰了台灣高職教育的走勢。

人力規劃難以精確

以經濟發展或人力規劃的思考，來主導教育制度與招生名額，有沒有什麼不好呢？我們可以從不同的觀點思考這個問題。但首先，我們先介紹人力規劃的理論架構。人力規劃背後其實是一種「計畫經濟」的思考觀念，以前在許多共產國家也都推動過計畫經濟。推展計畫經濟國家的經建單位，為了要使各種人才的供需大致相當，避免產生人力供需失調的社會成本，於是依循諾貝爾獎得主李昂提夫（W. Leontief）的投入－產出理論，預先估算各種人才在往後數年的需求量。然後，再依據這些依行業／學歷分類的人才需求，決定是否核准專上或職校各科系的申請設置，以及各個系所招生人數的多寡。以往台灣各職校招生人數的設定、或設校之核准與否，大致也確實是依據這樣的邏輯決定的。

人力規劃成敗的關鍵之一，在於未來數年人力需求預測是否精準。如果人力需求預測不準，則顯然一切的規劃都是白搭。一般而言，人力培育需要相當長的時間；一位高職生或專科生從招生入學到畢業，至少要三到五年。在科技日新月異的知識經濟時代，五年之後技術與經濟環境變異很大，我們現在如何能預估五年後的經濟情況？不知經濟前景，又焉能預測五年後的人力需求？教育主管當局又如何能依此粗估，草率分配五年前的招生名額？

此外，台灣是個小型開放經濟，其經濟環境決定於國際市場者居多，而國際市場五年後是何等情境，誰又能預先知道？最嚴重的是，**人力規劃其實忽略了「不同教育背景可以適應同樣工作環境」的彈性**。大專工科畢業生其實也能夠做銷貨員，文科畢業生也沒有理由不能做生意；小學畢業可以當大老闆，大學畢業也可以開計程車。因此，**「人才類別」與「畢業科系」之間、「學歷」與「行業」之間，恐怕都沒有一對一的關聯**。既然如此，又為什麼要以高職、專科的科系招生人數，去搭配人力市場的人才需求呢？

即使經建單位真的能夠精準計算未來各行業的人力需求，而以此計算所推導出來的招生人數誤差也非常小，我們還是不應該依此而合理化政府對高職招生人數的管制。教育的主體是人，教育的效益不只是就業市場上「供需配對無誤」而已。如果受教者本身喜歡唸高中而非高職，那麼唸高中本身就極具效益。這就像逛街一樣，即使不消費購物，也是一種主觀願望的滿足。因此，**教育帶給受教者的效益，絕不是各類人才供需配對指標所能涵蓋**。

人本教育就是目的

對此，一九九八年諾貝爾經濟獎得主沈恩（A.K. Sen）所做的描述，相當值得我們參考。

沈恩指出，若干亞洲國家經常出現類似「我們是否願意為了促進經濟發展，而犧牲一些基本自由與公民權利？」的問題。沈恩認為，這類問題本身就有邏輯的矛盾。經濟發展的「目的」之一就是為了提升與實踐自由，而且公民權利本身就是價值；自由與民權並不見得需要間接透過經濟發展而得到肯定。「沈恩指出，經濟發展能夠消除飢餓、提升所得、增進機會、保障社會安全等等，而這些都是實踐人身自由、選擇自由、就業自由、遷徙居住自由的手段。」所以沈恩說，經濟發展本身只是手段，目的之一就在於促進並實踐自由。

如果將沈恩對經濟發展的描述套用到教育，我們覺得更是貼切。對高中／職以前的階段而言，教育同時肩負了「啟蒙」與「豐富視野」雙重的角色。我們一方面透過初等教育，讓孩子們了解基本溝通技巧與共同文化價值，另一方面也讓他們體認自己在社會中的權利與義務。**一個人必須要了解、體認他自己的公民權利（啟蒙），有一些權利意識，才有可能真正地實踐他的自由。另一方面，我們也希望每個孩子儘可能地接觸多元而豐富的文化面相（豐富視野），進而找到自己的興趣與**

優勢，做出自己的選擇。從這樣的思考出發，我們自然不希望教育太早分流，更不希望孩子們在未做廣泛接觸、未能真正了解主觀性向與客觀選項之前，就被強制投入慘烈的分流競爭。

社會各界許多人希望以綜合高中取代高級職校，也就是希望將高中、高職雙流併融在一個學校體系內。這樣做一則可以讓尚未成年的學子有更多豐富視野的機會，二則也希望免去他們在十四、十五歲被強制參與分流競爭的「不自由」。沒有人否認技職教育對經濟發展的貢獻，**但經濟發展畢竟不是教育的目的**。也許我們也可以說：**教育不需要也不應該透過經濟發展而得到肯定。**

勞動市場自動調整

有些人說：現在若干高職已經招生不足了，如果再將一些高職改為綜合高中，更會影響這些高職的生態。這樣的推論其實非常奇怪；難道我們探討教育興革，只是為了「讓現存的學校都能收到學生」？一所學校如果辦得好、學生將來有出路，自然就會有人想唸、自然就不會招生不足。如果有三十所學校要爭取二十所學校的足額學生總人數，那麼其中十所辦不好、不為學生家長認同的學校，就應該被淘汰。憲法第二十三條告訴我們，政府對人民自由權利的限制，只有在「防止妨礙他人自由、避免緊急危難、維持社會秩序、增進公共利益所必要」的前提下，才能謹慎為之。當學生們想唸高中、想考大學的時候，他們既沒有妨礙他人、也沒有干擾秩序，誰有權力不准他們唸高中呢？誰夠資格說他們「不適合」或「不需要」讀大學呢？當社會上每年有幾十萬學生想唸高中，卻因為高中／高職的比例太低，而被迫去唸高職的時候，他們的自由與權利不是受到侵犯了嗎？這難道是我們辦教育的目的？

或許有人會擔心：如果政府將許多高職改制為綜合高中，讓學生們自由選擇學程，市場上可能會出現部分技術人力供給不足的困擾。這該怎麼解決呢？坦白說，這些市場磨擦其實不勞政府太過憂心。**當某種技術人力不足而產生供不應求時，他們的「行情」就會看好，也因此會吸引更多綜合高中的學生投入這個技術行業，於是半年一年之後，人才供需便已有所調整。**如果某個行業的人才供需起伏太大而學生或家長竟然不察，政府也可以適時公布訊息，以客觀的數據正向引領人才流向或反向警告可能的困境。無論如何，勞動市場有它複雜的調整機制，它的成效未必（其實是從不）比中央集權式的人力規劃來得差。即使市場調整或有誤差，只要這誤差還不至於太嚴重，我們都沒有理由以市場誤差為藉口，去限制綜合高中的設立，進而剝奪學生們選擇唸高中的權利。

破除迷思減少規劃

更進一步來看，如果僅因為事後供需的可能失調，就能夠合理化政府事前對供需的干預，那麼恐怕所有的天下事務都需要政府來管。舉例而言，雞蛋對人的健康是非常重要的；台灣有二千三百萬人，假設每人平均每天需要一粒雞蛋，才能身體健康，所以台灣每天共「需要」二千三百萬粒雞蛋。假設每隻母雞每三天可生產一粒蛋，所以台灣只「需要」六千六百萬隻母雞，雞隻太多就是「資源的浪費」。假設每個農場都可以養一百萬隻雞，基於這樣的思考，為了「避免資源浪費」，國家似乎可以限制「全台灣總農場家數不得超過六十六家」。

這個故事充滿了國家主義、計畫經濟的思考，看起來非常可笑。但是，對那些主張「社會上只需要十萬個中學畢業生，所以要限制公私立中學的設立與招生人數」的人，這個故事並不可笑。雞蛋對我們的重要性恐怕不下於教育，為什麼干涉養雞是可笑的？干涉中學設立及招生就不可笑？因此，如果要合理化國家對高職家數與招生人數的干預，那麼必須要先分清楚「雞蛋」與「學校」的區別，這樣才能找到干預的正確理論基礎。

也有一些人認為，個別的學校看問題都有他們的私心與盲點，唯有政府的視野與方向是全面的。所以，國家的教育事務不但政府該管，而且要「統籌來管」，千萬不可以放任高職改制為綜合高中。據聞，有某位高官曾經公開講過一則故事，來強調統籌管理的重要性。他說：「某學校校長在我當××教育主管時來向我求救：由於他們學校的大樓蓋完之後竟然沒有錢做樓梯，所以無論如何要我撥一些經費，讓他們加個樓梯，完成這幢大樓。」這位官員表示，如果資源能統籌管理，這樣的事根本就不會發生。但是我們的看法不然。一般人大概很難想像，台塑、東元、裕隆、台積電等等民間企業，會發生「蓋完大樓未備樓梯」的事。**私人企業在競爭壓力下，絕對會盡力做好成本效益的控管，也絕不可能發生「攀繩索上樓」的蠢事。**正因為政府管得太多、統籌了太多不該統籌的事，才會發生意想不到的凸槌事件。學校蓋大樓政府都管不好，千萬種勞動人力的供需平衡，政府又怎麼可能管得好呢？

以上這麼多分析就是要向讀者說明：**我們不應該讓政府以人力規劃的集權思考，去主導教育政策。**然而不可避免的是，還有少數主管教育者習慣性地將技職人力培育視為經濟發展的一環。我們不能說這樣的觀點不對；但如果他們認為「教育的目的是為了經濟發展」，而沈恩又說「經濟發展的目的是為了實踐與保障自由」，那麼教育更根本的目的，又是什麼呢？這答案還不清楚嗎？

近年台灣高職減少背後的因素

教改人士當年主張減少高職、增加高中，主要原因是基於維護孩子們的受教權，不以經濟發展的功利理由，去壓抑人們求學的權力。但是，台灣過去十五年高職學校數暴減，倒不是因為他們轉型為綜合高中或一般高中，而是教育部容許他們「升格」為技術學院或技術大學。在同一期間，台灣的大專院校家數暴增，至二〇〇九年已經有一百七十餘所，其密度堪稱全世界之冠。這麼多大學之間又沒有像加州大學那樣的等級區分，就產生了高教環境的紊亂。在二〇〇八年大學入學學測，就曾經發生六科加起來總分十八分也可以獲錄取的怪事。

照理說，私立高職的多少或增減，都應該是由「市場」決定的。但早年當局因經建規劃而只准高職設立，使得它的供給大增，而後又以「高職升格為大專」為誘餌，表面上減少了高職數量，實質上卻將大專院校灌水。在一九九〇年之前，高職數量太多但想唸高職的人數偏少，所以形成高職的「超額供給」。到了二〇〇三年後，大專院校家數太多，許多學校招不到學生，又有大專的「超額供給」。

經濟學家喜歡分析均衡，但教育當局卻始終不讓學校供需的均衡發生，我們除了擲筆三歎，又能說什麼呢！

第四篇

法律經濟

13 經濟學家如何分析法律規範

眾所皆知，法律學與經濟學是兩門不同的學問，而「法律經濟學」顯然是要結合兩者。就邏輯來看，經濟學與法律學有兩種可能的交集：其一是「以法律規範經濟事務」，其二則是「以經濟方法分析法律設計」。大多數的法律學者都將「法律經濟」界定為前者，著眼於「與經濟事務有關的法律」，例如土地稅法、所得稅法、公平交易法，或是以往的獎勵投資條例，又或是由獎勵投資條例轉變而成的促進產業升級條例等等。在台灣，不少法學研究者都不太重視經濟法，這不是沒有原因的。例如，所得稅法第四條第一項，其內容只列出許多沒有準則的免稅條文，卻看不出立法的原理原則，顯然並不是一個很好的立法典型。又如獎勵投資條例，它沒有說明給予某些特定事業免稅的理由；從法律的角度來看，這也不是一個很好的立法典型。一般而言，在經濟法的條文中往往「利益結晶」處處可見，法理邏輯卻付之厥如。因此，如果從經濟法的角度看「法律經濟」，就難免會令人感到失望。

另外一個法律與經濟的交集，則是本文的主題，也就是用經濟的方法去解析法律概念與立法原則，稱為「法律經濟學」，內容淺顯有趣，值得向讀者介紹。

法律經濟學的源起背景

法律經濟學的概念源起於一九六〇年左右，率先由寇斯（Ronald Coase）提出。寇斯關注的焦點，主要是侵權法的社會成本問題，他以著名的「火車—牧場」案例，鋪陳它的權利規範的論點。假設有一輛火車開過牧場時會冒出火星，可能釀成火災，造成牧場的損失。從經濟學的角度來看，這就是火車給牧場帶來的外部傷害（external harm）。而所謂權利規範，以這例子來看，就是「火車有無冒出火星的權利」。有權利冒出火星是一種權利規範，而沒有權利冒出火星則是另一種權利規範。寇斯認為，無論將權利規範設定為哪一種，如果交易成本很小，並不影響它的效率性，唯一的差別在於火車—牧場爭議兩造的所得分配不一樣。

為什麼寇斯會得到這樣的結論呢？值得我們細加說明：

（一）比如說：某人因為抽菸侵害到他人，或是火車經過牧場冒出火星，因而造成失火。一般人認為是抽菸的人給不抽菸的人帶來外部傷害（或是抽菸的人侵害了不抽菸人的權利）；或者認為火車對牧場發生侵權行為。但是依據寇斯的看法，如果甲想抽菸妨礙到乙，事實上也可以說是：乙不喜歡菸味而妨礙到甲抽菸；所以侵權其實是相對的。因此把空氣的權利給甲或乙是可以討論的，不見得有一個先驗的方向。

（二）寇斯認為，侵權事件的雙方，都會有一些辦法減少或消弭所造成的傷害。比如說：火車經過牧場時，如果將它的排煙管周圍加上防止火星冒出來的裝置，那麼在經過牧場時，就可能不會冒出火星，這樣就不會形成侵權。此外，牧場也可以向後遷移兩公尺至火星飄不到的地方，而不再受到侵權。由此可知，侵權事件的雙方，都可以藉由一些防範努力，去改變侵權或被侵權的事實。但是，要消弭侵權或減低外部傷害，總是要付出代價的。而寇斯分析的重點，則在於要運用哪種方法，「有效率地」消失或減少外部傷害。寇斯主張，要用這樣的邏輯思考去設計權利規範。

（三）寇斯強調：不論是授與火車「排放火星的權利」或者授予牧場「免於火星干擾」的權利，只要當事雙方能平和協商，達成補償協議，結果都一樣。如果火車煙囪加蓋比較便宜，那麼因雙方都了解這是避免損害最省錢的辦法，所以都會同意將煙囪加蓋；至於加蓋所需支出由誰負擔，只是會影響雙方財富的分配而已，並不影響效率。如果牧場往後遷移比較便宜，那麼雙方也都了解後遷是避免損害最省錢的辦法，所以也都會同意將牧場後移。同樣的，後移成本由誰負擔，只會影響財富分配，卻不影響效率。總之，只要雙方交易成本很小，那麼權利規範要如何設定都沒關係，雙方一定會協商出最有效率的結論。

寇斯論點的啟示

然而，我們並不是活在一個交易成本很小的社會；在不同的情境下，當事雙方的交易成本也會不同，這也就提供我們一些有意義的思考方向。首先，社會上的交易成本包含協商、博取互信、討價還價等，而社會上許多事情的交易成本其實非常高。例如，開車撞到行人是一種侵權行為，這個例子如果依照寇斯的說法，將馬路上的行路權利讓給行人或汽車甚或不加規範，都不會影響最後的結果。但眾所皆知，它一定會影響結果的，而影響結果的原因，正是因為其中的交易成本非常高。當交易成本非常高時，財產權該給誰的問題就有很好的切入點了。就上述的例子而言，因為行人事前難以與所有的駕駛人一一交易談判，所以雙方交易成本非常大，行人勢必不可能事前要求眾多駕駛降低車速，而駕駛也不可能要求所有行人千萬小心。正因為如此，所以馬路上有時候就必須要設立速限，避免行人受到傷害，也避免駕駛太過神經緊張。換句話說，現實社會是將速度概念下的行路財產權給予行人，這是藉由寇斯推論反向思考所得到的一個啟示。

寇斯論點的第二個啟示是：有些法律學教師把法律的公平性看成是一個不可侵犯的目標，但寇斯認為這是可以修正的觀念。在寇斯之前只有少數人將「效率」視為法律的目標之一，但寇斯認為，在前述火車—牧場的例子中，侵權與被侵權之間只有相對的公平，而以立法提升效率的考量也許更為重要。寇斯並不是認為公平不重要，但有時候立法者無論是採取甲或採取乙的權利規範，對公平性並不會有多少影響，但是對效率的影響卻很多。這時候，效率的角色就極為關鍵。關於這點，我們將在後文中進一步闡釋。

寇斯論點帶給我們的第三個啟示是：立法者要設想每一種不同的權利規範所可能造成的後果，評估各種規範情況下的利弊取捨，然後才能做出最適合立法的選擇。假設我們有N種立法可能，就會有N種不同的立法後果。而就經濟學的術語來說，不同的立法就會創造出不同的「均衡」。做為一位立法者，他就必須思考在這N種均衡中，哪一種比較公平、哪一種資源配置的效率比較高。所以立法者在訂定法律時，就必須預先考慮到：一個理性的人面對不同立法的時候，他會如何因應。比如說，邊際稅率太高會使圖利的商家逃稅、環保標準太嚴會使奸歹的廠商私倒廢棄物、不合理的管制會讓許多商業行為地下化、過嚴的交通規範將使行車牛步化。凡此種種，立法者都必須預先考慮，才能正確了解可能的均衡。分析不同的立法如何影響不同的均衡和後果，是經濟學裡常用的分析方法，而寇斯是將這種經濟分析帶入法學領域的重要人物。

法律經濟的私法拓展

寇斯剛開始研究的主題，是火車—牧場侵權案例中權利的規範。在他的大作發表之後，不少法學者就陸續將相同的推理應用到不同的法律範疇，也使得法律經濟的領域日漸拓展。也許我們由以下幾個例子，更能了解法律經濟分析的真實意義。

第一個例子是關於民法八〇二條所提到的「無主物先佔」原則的詮釋。依據庫特（R. Cooter）教授的研究，這原則的由來是這樣的：某年某月某日，英國有一群貴族驅逐獵犬去捕捉狐狸，從早上開始盯上一隻狐狸，一直追到下午仍未捕獲。但疲累的狐狸卻碰巧被農夫抓走。於是英國貴族告到法院，希望法官判決「狐狸歸貴族所有」。貴族們指出，如果不是我們追那隻狐狸數個小時，農夫怎麼可能這麼輕鬆抓到一隻行動敏捷的狐狸？農夫的答辯卻是：你怎麼知道這隻狐狸就是早上被你追的那隻？請拿出證明。怎麼知道狐狸在中途沒有「換棒」？請拿出證明。怎麼知道狐狸被逮是因為牠疲累了？請拿出證明。又怎麼知道我沒有暗中追捕最後一里路？請拿出證明。

庫特教授認為，那位法官的判決就是標準的法律經濟分析。法官指出，狐狸要判給誰其實是小事一樁，事前並沒有公平不公平的問題，所以相對而言，效率的考量就變得比較重要。如果把狐狸判給貴族，以後社會就會花很多時間蒐集舉證資料，去回答農夫所問的一些問題，社會就要面對相當大的蒐證成本。相反的，如果把狐狸判給農人，那麼須面對的社會成本是：將來很多人都不願再花心力去追捕獵物。法官權衡這兩種社會成本後，認為前者的成本較大，因此，很明確地將無主物判給農民。這一案例後來成為無主物先佔的一個源起判例。

其實，「獵狐」就像廠商研究發展的努力，獵狐成功就像是取得研發專利一樣。法律一方面要防範半路殺出來奪取他人研發成果的覬覦者，另一方面也要防範太過煩瑣的舉證與無謂爭辯。對研發創新的侵權爭議，前述獵狐判例也提供相當的啟示。

第二個例子則與大學教師的長聘有關。大學法第十九條規定，大學教師的聘任分初聘、續聘、長聘三種。所謂長聘，就是指大學教師經過一定評審程序後，可以領到一張聘至六十五歲的聘書。但大學教師需要長聘（tenure）的理由何在呢？雖然這種私人職業聘約極為少見，但其背後一定有一個理性的思考。

經濟學家卡邁克爾（L. Carmichael）於是提出以下的推理。他指出，大學教授的專業性很高，是這個職業的一個特性，但專業性高不足以合理化長期聘任，至少高專業的職棒、職籃選手，就沒有人是六十歲還在打球的。因此，一定還有一些其他的理由促成教授長期聘任的制度設計。卡邁克爾認為，教授職業的另一個特性是：系裡每一位新教授都是由系裡的老教授所聘請。老教授聘新教授時，自己如果沒有長期聘任的保障，他所聘的新人將來可能因為比自己好而威脅到自己。想到這樣的風險，老教授就沒有動機去聘請比他好的年輕教授。因此，長期聘任制是為了「要讓系裡老教授有動機去聘請比他優秀的新教授」的必要設計。這麼看來，這個立法也是百分之百經濟思考的產物。

法律經濟的公法拓展

第三個例子是關於認罪協商（plea bargaining）制的設計。所謂認罪協商，是指美國的刑事犯如果在就逮後向檢察官自行認罪，免去諸多訴訟成本，那麼可以用較輕的罪刑定讞。認罪協商制度的目的，是為了減少檢察官的偵察成本。檢察官在這個制度下，可以視案情而決定要跟那個嫌疑犯協商，協商後如果嫌犯認罪，就可以省下起訴的時間成本。設計認罪協商制的原因，是鑑於案件太多會使檢察官無暇認真辦案；如果能讓檢察官有效運用時間，那麼他辦案的效率就能改善。有些人就覺得，認罪協商似乎會影響公平性，會讓一個「沒膽惡人」因事後認罪而減刑。我們在此要說明的是，效率和公平有時是不太分得開的。比方說，要把一個有重大犯罪嫌疑的人送進牢裡，需要靠有效的舉證。但是檢察官必須有效運用他的時間，才能夠完成有效的舉證。因此給檢察官做認罪協商的處理，使他有多一點的時間辦理困難的案件，或許比較能夠達成大家心目中所期待的公平。

第四個例子是關於競爭行為的認知與規範。各國的公平交易法禁止不公平的競爭與聯合行為，而許多廠商也想盡辦法去迴避相關的規範。在經濟學的文獻裡，有一個很有名的案例：美國有一個小鎮，所有家電連鎖業都打出「方圓百里之內誰的價格比我低，我就退給你差價」的廣告。這廣告看似競爭激烈，但矛盾的是，此地商家的售價與其他地方相比，卻高出甚多。經濟學家分析後指出，這種廣告不是真的要減價，而是一種威脅行為。廠商其實是利用廣告來達到威嚇其他商家「不要亂降價，否則我奉陪到底」。就經濟分析而言，「大家都訂高價、都買廣告，卻都說願意退還任何差價」確實是一個均衡。對掌管交易公平的執法者而言，他們必須先了解前述廣告策略可能蘊涵的均衡，才能洞悉該廣告背後的奸歹意圖。

另外一個與交易公平有關的例子，則是數十年前美國的可口可樂公司，花一筆可觀的經費做維護品牌的努力。可口可樂公司的做法是：他們派探員到沒有賣可口可樂的餐廳，向店員購買可口可樂，並以「我要一份Coke」提出要約，並與以錄音。如果店員售與其他品牌的可樂，這些探員就將可樂拿回去化驗，然後控告商家提供不實商品。該公司提出一系列控告，每案都獲得勝訴。據說，該公司告餐廳的目的，只是為了維護Coke品牌。但事實也許不是這麼簡單。根據實證資料顯示，經過上述一系列控告之後，有些零售業為了省麻煩，乾脆將其他品牌可樂排除不用，而換成可口可樂，以免累訟。因此，有些公司在維護品牌的背後，「可能」也有其他商業動機。這樣算不算是不公平的競爭，也值得公法學者進一步探究。

穿透領域的經濟思考

以上所舉的例子，只是為使大家了解如何將經濟學用在法律分析上。由這些例子我們可以知道，**法律經濟學其實只是一個思考方式，它希望大家了解人的理性、決策和因應，預先思慮可能的結果，然後再去構思法律設計**。正因為法律經濟只是一個思考方式，因此就不一定只適用於刑法、民法、憲法等任何一個特定領域。當經濟社會面對比如像財務經濟學、衍生性金融商品、高科技商業競爭、電子商務等新興領域的挑戰時，它所蘊涵的經濟思考就更複雜，均衡情況就更難以捉摸；這些都是法律經濟學者所需要面臨的挑戰。

14
「罪與罰」的經濟思考
從「治亂世用重典」的爭議談起

一九九〇年，台灣有一起著名的「擄人勒贖」案，引起法律學者與社會各界廣泛討論，而且餘波盪漾長達十餘年。我們先介紹案件的法律背景，然後說明事件的原委，最後再向讀者介紹其中的經濟觀點。

「擄人勒贖」是刑法第三十三章的犯罪名稱，白話來說就是「綁架要求贖款」的意思。依據刑法第三四七條，擄人勒贖者應該處死刑、無期徒刑或七年以上有期徒刑。之所以有上述刑度的差別，主要是考量犯罪者事前犯意的輕重、當時犯行的殘暴程度，以及事後是否有悔意等因素，容許法官在量刑輕重上有所調整。刑法第三四八條接著指出，擄人勒贖而且故意撕票者，處死刑。讀者當能了解，綁架之後居然還殺了肉票，這類綁匪惡性顯然更為重大，因此刑法對於這種極惡綁匪所定的刑度，是更重的、不留任何機會的「死刑」。

亂世重典的立法思考

但是，前述刑法三四七條、三四八條的規範，在二〇〇一年之前的數十年中，其實並沒有真正貫徹。我國在一九四四年頒布了「懲治盜匪條例」，它的效力優先於一般刑法的規範。該條例的頒布背景是戰亂時期，而依據該條例第二條，海盜、搶劫放火、擄人勒贖，甚或「出沒山澤抗拒官兵」等罪，都要加重刑罰。如何加重呢？以擄人勒贖為例，該條例第二條第九款指出，擄人勒贖罪不論綁架者是否撕票，都處死刑。由於懲治盜匪條例（特別法）優先於刑法（一般法），所以擄人勒贖罪原有的有期徒刑彈性，遂告消失。刑法學者將這種「不論情節一律處死刑」的情形，稱為「唯一死刑」。

前文提到一九九〇年喧騰一時的擄人勒贖案，是三個人共同策劃的。這三個綁匪綁架了某個小孩，並向他的家人勒贖；所幸後來案子破了，綁匪就逮，而肉票也順利救回。根據報載，種種證據顯示，三個綁匪曾經考慮撕票，但心中似乎還有一念之仁，下不了手，所以肉票最後還活著。一般而言，一個罪犯壞歸壞，還是有等級的差別。擄人勒贖的罪犯絕對不是好人，罪無可逭；但擄人勒贖後再撕票，則一定是更加罪孽深重。正因為這兩者之間有輕重之別，刑法第三四七條與第三四八條才會有刑度的差別。而這刑度之差，就是要反映不同犯行之間「惡性」的區別。懲治盜匪條例中將諸多罪行的刑度都加重，其實是思考「治亂世用重典」的典型。許多人認為，既然在戰亂時期，可見時代有多麼動亂、社會有多麼混亂！在亂世，社會上必然有許多蠢蠢慾動的潛在犯罪者，如果不用重刑重典，怎麼嚇阻得了他們？

刑事嚇阻與比例原則

從刑法的理論來看，「刑」的作用有三種：其一是報復論（retribution），意對犯罪的人「以牙還牙、以眼還眼」；其二為教化論（rehabilitation），意思是對犯罪的人施以教化約束，以矯正他乖戾的氣息，使他漸漸能融入社會中；其三是嚇阻論（deterrence），意思是對潛在犯者予以嚇阻，警告他們一旦犯罪就逮的嚴重後果，藉以令其事前不敢造次。在文明社會，絕大多數的法學者已經不主張報復論，因為報復本身還是有兇狠的戾氣，不符合刑期無刑的人道精神；也因為如此，絕大多數民主國家都不再有直接報復加害人身體，諸如宮刑、黥刑、鞭刑、劓刑等刑罰。另一方面，教化論也有適用的限制。教化的目的是要犯者出獄後「重新做人」，但是各國普遍存在的無期徒刑與死刑，就是要把罪犯關在牢裡一輩子，或根本結束罪犯生命，不讓他有機會重新做人，因此顯然無法適用教化論的推理。刑法學者對於「刑」的功用比較普遍能接受的，還是嚇阻論。前段提到治亂世用重典的觀點，就是要用重典震懾住潛在犯罪者。所以，「亂世重典」也是一種嚇阻論的應用。

再回到前述擄人勒贖的案子，看看「亂世重典」的理論是否符合嚇阻論的精髓。這三個罪犯擄人並未撕票，卻依懲治盜匪條例而處死刑，確實令許多律師不安、不滿；他們遂為前述案件四處奔波，甚至希望透過大法官釋憲，宣告「唯一死刑」的法律條文違憲，以挽救涉案三條人命。當時四處奔走的法界人士指出，唯一死刑的法律不符合「比例原則」，所以應予廢除。刑法上所謂的比例原則，大意是指「國家刑法對於違犯者的處罰輕重，應與其犯行之輕重成正比例」。因此，如果擄人勒贖外加撕票者死刑，那麼犯行較輕的擄人勒贖未撕票，似乎就應該課以較輕的刑罰，這才符合比例原則。

比例原則確實有其公義理論的憲法基礎，值得我們進一步了解。由於人民是國家的主體，所以當國家以公權力對某類人民的罪行訂出處罰條款時，其處罰應以「足以嚇阻人民，使其不敢從事此種罪行」為限度，不應踰越。很顯然的，國家的權力來自於人民，自然不應該有「過度處罰其人民」這種反客為主的事。而前述處罰限度，就自然刻劃出刑罰與其對應罪行的上限比例。在此，我們暫時不從公義的角度切入，而要從效率的角度探討刑法上比例原則的重要性。

刑法的邊際嚇阻功能

功利主義大師邊沁（J. Bentham）在兩百年前就曾經撰文推介比例原則的好

處，他的理論最近幾十年在美國芝加哥大學、耶魯大學、哈佛大學、史丹福大學等地的法學院，得到許多迴響。這些學校的法學者也不從公義角度探討比例原則，而是從「邊際嚇阻」（marginal deterrence）出發，解釋比例原則的效率性。率先提出邊際嚇阻論的經濟學者是芝加哥大學的貝克（G. S. Becker）教授。在後述的幾篇文章中，會向讀者說明貝克教授多才多藝的創作；現在，我們先介紹他的「犯罪經濟學」。

貝克指出，許多社會學家認為犯罪者往往有悲慘的童年、破碎的家庭、惡劣的社區環境、扭曲的遭遇等等「不正常」或「病態」的社會背景。此外，也有不少心理學者指出，犯罪往往是一時衝動之下的不理性行為。但是貝克卻強調，不少罪犯其實是「理性的」。貝克甚至認為，理性犯罪不僅適用於分析所謂智慧型犯罪，也適用於殺人放火、強盜傷害等，看似「衝動、病態、不理性」的犯行。例如，許多小偷強盜都是在算計比較其預期「收入」與就逮機率等相關數字之後，才決定犯罪的。這些罪犯也往往會在作案之前探勘現場、計算巡邏頻率、攜帶必要工具、研究脫逃路線，這些當然都是理性的算計行為。從經濟分析的角度來看，犯罪可能是理性行為，而刑罰則是這些行為的價格。因此，探討罪與罰之間的關係，就像是探討價格與個人選擇行為之間的關係一樣。所謂犯罪經濟學，就是從這個角度出發所做的分析。當然，貝克並不認為每一個罪犯都是理性的計算者，但是有時候立法者必須要思慮犯罪者的可能理性反應，才不至於做出錯誤的判斷、訂定錯誤的法條。就刑罰而言，邊際嚇阻就是個很好的例子。

一般嚇阻與邊際嚇阻

所謂邊際嚇阻，就是對略重之罪定略重之罰，以誘使罪犯因考量邊際刑罰的加重，而理性地避免犯下重罪。邊際嚇阻理論表面上看只是在詮釋比例原則，事實上，它也能幫助我們透視「唯一死刑」的不合理。由於死刑是現代所有刑罰中最重的，死刑之外必定不再有任何邊際處罰（古代還有誅九族，現在已不存在）。因此，當我們把唯一死刑適用的範圍訂得越廣，邊際嚇阻的效果就越薄弱。例如，如果台北交通混亂，市長基於「治亂交通要用重典」的考量，就決定將開車跨越雙黃線的駕駛處唯一死刑。果真如此，則跨越雙黃線的駕駛人既知就逮後難逃一死，他必然拚了命也不願意被逮捕。他寧可撞警察、撞行人、威脅目擊者，說什麼也要脫罪，而這些撞警察、撞行人的罪，都是跨越雙黃線駕駛的邊際選擇。唯一死刑的規定或許能嚇阻一些潛在犯罪者，令他們在開車時格外謹慎，甚至根本不敢開車，但是對那些無論如何不能被嚇阻的人而言，一旦跨越了雙黃線，其唯一死刑的刑度正是邊際處罰的消失，犯罪者於是有「既然要犯就犯到底」的心理準備。

再以擄人勒贖為例：對綁匪而言，殺了肉票，可以減少目擊證人，絕對是對綁匪的脫罪有利。如果「擄人罪」處十五年有期徒刑，而「擄人撕票罪」處死刑，則這兩者之間的刑度差異，很可能誘使理性的犯罪者三思，是否要干冒死刑的邊際風險，而採取「撕票」的邊際犯行。前述邊際重刑也許未必能對所有罪犯達到邊際嚇阻的目的，但如果刪去這層邊際重刑，恐怕會使綁架者一不作、二不休地撕票。因此，治亂世用重典並不是沒有代價的。重典對潛在罪犯的一般性嚇阻固然較強，但對已然犯罪者的邊際嚇阻卻比較弱，其間的利弊取捨，值得我們好好思量。

法律經濟觀尚待推廣

法學界許多教授於貝克提出其大作後，在理性犯罪論的假說背景下，提出了許許多多的刑事理論分析，其中也有許多有趣的討論。例如，刑罰與警力布署都能嚇阻潛在犯罪者，政府應該要用哪一種，才能有效率地嚇阻理性的潛在犯罪者呢？自由刑與罰款也都能嚇阻罪犯，對此二者究竟立法者要如何取捨呢？檢察官時間有限，我們該不該容許他們與罪犯協商，以較輕的求刑換取罪犯的認罪同意呢？公司胡亂棄置污染物也是一種犯罪，我們該不該將污染物管理員與其主管經理一併治罪呢？前述污染如果引起民事責任，主管經理該不該負連帶賠償的責任呢？公司逃稅一定得做假帳，而前後年的帳目又首尾相連；於是一旦公司今年逃稅，明年就不得不逃稅。既然如此，稅捐機關該不該給予租稅大赦，以鼓勵公司從今以後誠實申報呢？有些犯行既涉刑事又涉民事，應不應該容許被害人刑事與民事併案提起告訴呢？什麼樣的罪應該要公訴，什麼樣的罪才可以容許當事人告訴乃論呢？當事人自行告訴後如果是敗訴，他被告的訴訟費用，該不該由原告負擔呢？法官該不該強制訴訟雙方揭露彼此的資訊呢？什麼樣的資訊才應該要揭露呢？網路犯罪很多；在什麼情況下，我們才能合理化政府介入網路傳訊呢？這些都是犯罪經濟學裡的有趣課題，他的研究也對當今各國的刑事與訴訟政策，產生了相當的影響。

如前所述，在一九九〇年各界大力為廢止唯一死刑奔走的時候，有許多律師聲請大法官解釋，希望大法官能將「唯一死刑」的法條解釋為違憲。對此，大法官會議在其二六三號解釋文中，提出了他們的回應。當時的大法官們似乎認為，其實懲治盜匪條例中的規定並不是真正的唯一死刑，因為如果罪犯「有特殊之原因與環境，在客觀上足以引起一般同情」，法官均得依刑法五十九條為罪犯減刑，所以懲治盜匪條例的規範並不違憲。但是，我們並不能同意這樣的觀點。前述特殊情況下的減刑規定，與罪／刑之間的比例對應關係並不相干，也不會因此而影響犯罪者的邊際犯行。這類「其情可憫」式的減刑規定必須有「客觀同情」的前提，與原先「不必任何先決條件」即容許的彈性量刑空間，實在有天壤之別。如果我們因為社會交通秩序差而訂定特刑法，將跨越雙黃線者處唯一死刑，這顯然違反憲法生存權應予保障的規定。然而，依照二六三號解釋文的邏輯，只要其他刑法的減刑規定仍可適用，就「足以避免過嚴之刑罰，與憲法尚無牴觸。」這顯然是相當奇怪的邏輯。

由以上的例子可知，雖然邊際嚇阻論的思考看起來相當合理，但是要說服相信「衝動犯罪論」的法律學者，或是「悲慘童年論」的社會心理學者，似乎還不是很容易。其實，「邊際」二字確實是許多經濟分析的精髓。經濟學家說：人們吃飯會吃到「再多吃一碗邊際效益變負」的階段、廠商生產會生產到「再產銷一單位邊際利潤變負」的階段，大家都能夠接受。為什麼當經濟學家說：人們犯罪會犯到「再犯嚴重一點，邊際效果為負」的階段，許多人就不能接受呢？

懲治盜匪條例的廢止

經過了數十年的爭取，立法院終於在二〇〇二年一月，三讀廢止了懲治盜匪條例。看看該條例所規範「出沒山澤抗拒官兵」的情境，似乎是在描述黃巾賊或白蓮教等農業社會的背景；我們當然能了解這個條例的立法背景與現代台灣環境的差異。但是，這麼樣一個不合時宜的刑法，居然要花這麼久的時間才能廢止，也真是件憾事。我們遺憾的倒不是修法步調的緩慢，或是學者觀點的未被接受，而是過去幾十年中，因為邊際嚇阻消失而使被害人枉送的性命。

15 學術市場中的法律角色

司法機關在二〇〇一年底有兩則與大學有關的判決，其一是大法官四六二號解釋，主旨在規範各公私立大學「教授升等」的運作；其二是高等行政法院訴字二三一一號判決，主旨在規範公私立大學「開除學籍」的運作。許多人都納悶：民間的個人或團體之間所做的交易與所訂的契約，只要沒有違反公序良俗，一般而言政府都應該予以尊重，這是「私法自治」的精神。但是，為什麼甲私立大學否決乙教授的升等，卻要公部門的司法院來介入干預呢？同理，為什麼丙私立大學因丁同學二分之一學分不及格而將他退學，要煩勞法官大人去仲裁呢？以下，我們就以「教授升等」的案件為例，剖析司法體系介入大學教學研究的分際。

四六二號解釋原文

對局外人而言，大學的教授、研究單位的研究員似乎都是令人艷羨的職業。但圈內人都知道，學術界的競爭與淘汰都越來越激烈，要混日子也越來越難。一個剛拿博士的菜鳥，通常只能在學術界以「博士後」或助理教授應聘。應聘之後，他的生涯階梯包括升等、續聘等重重關卡，平均恐怕得十年之後才能升成正教授或正研究員。前述的每一個關卡，都包含了「評審」的程序；大學與研究機構必須將當事人過去的研究成果送到校外做專業審查，再經過系（所）投票、院（校）複審的程序，才算過關。

為了做好前述送審作業，國內各公私立大學，最近幾年都先後制定了研究人員或教授的新聘、續聘及升等審議作業要點，對於教學研究同仁們的聘審程序，做了相當仔細地規範。而大法官四六二號解釋，則與各校的審議要點息息相關。

釋字第四六二號解釋與專業評審有什麼關係呢？在此，我們必須先對四六二號解釋文的內容做一番說明。十幾年前，各公私立大學教授升等的最後審議權在教育部，所以教育部對於各校升等個案，即有最終的同意或否決權；這是法律上所說的「公權力行使」。而後，教育部將這樣的公權力「下放」給各大學，授權各大學自行辦理評審。許多法學專家認為，教育部讓各大學自行評審，是一種「公權力的委託」，因此應該適用「行政程序法」的種種規範，於是政府遂有介入的理由。

四六二號解釋文認為，升等能否成功，涉及人民的「工作權」，而涉及工作權的公權力行使，應該要範圍明確、其可否決定應附具理由、其推論要客觀可信、其過程要符合程序正義。怎樣才算客觀可信呢？大法官們指出，上級（校、院）評審單位除非能提出專業理由，否則應該尊重下級（系、所）評審單位的判斷。此外，上級（跨院、所）所組成的非專業評審會，不應對當事人的專業學術能力以多數決做成決定。怎樣才算程序正義呢？大法官認為，任何評審過程，至少都必須要給當事人答辯的機會。

國內學界衝擊重大

大致而言，四六二號解釋使許多學界朋友誤將升等視為「工作權」的一環、誤將答辯或抗爭視為「基本人權」，於是處處出現申冤的聲音，校校有不平之鳴。讓我們來看些實例：中部某國立大學的一位教授告訴我們，該校教授因升等不通過而申訴的比率極高，幾乎達三分之二，而其中經申訴審議而翻案成功的，也幾乎達申訴者的百分之十左右。這些數字不是正式統計，也許不夠精確，但無論如何，台灣各大學與研究機構同仁提出申訴的比例，確實遠比美國各大學高。

依我們向美國芝加哥、威斯康辛、普林斯頓、哈佛等名校教授的徵詢，這些學校各系同仁因升等續聘不通過而提出申訴的，大約不及百分之一，申訴通過的比例當然更低；而最後提出司法訴訟的，恐怕萬不及一。台、美之間的明顯差異，值得我們思索。

此外，北部某國立大學為了滿足四六二號解釋「給當事人答辯機會」的要件，要求提出升等的副教授們在家「待命」，以便能立即由校評會邀請至會場做「答辯」，如此才能滿足「行政程序」的正義。我們所知道的全世界各知名大學，恐怕沒有一所有這種「升等教授在家待命面談」的怪事。

在概念上，我們非常同意升等續聘處分，應該容許當事人在窮盡救濟手段之後，能夠依法提出訴訟，尋求法律的彌補。我們認為比較有待斟酌的，則是四六二號解釋理由書中對「工作權」的詮釋。其實，升等還算是小事，長聘（tenure）或續聘審查，才真正會影響大專教師的去留與工作權，因為一旦當事人續聘或長聘沒有通過，則立刻得離職。全世界各國的長聘制度以美國最為普遍、經驗也最豐富，因此先讓我們來看看美國大學的情況。

美國許多大學的長聘審查，各系往往要尋覓十五封左右的評審信，才能提到系上討論。在獲得許多份評審意見之後，系內同仁就有充分的專業訊息，做為投票決策的基礎。通常，美國許多大學並不採行簡單多數決，而是採「明顯多數決」。一般而言，如果是個案在系裡未獲七、八成以上教授的支持，這個案子往往是不會向校方提出的；而即使提出，也很有可能遭到學院院長或副校長的否決。因此，「大量的專業評審、充分的同僚支持」是聘審個案能夠順利通過的條件；這是美國知名大學的普遍情形。

造成國內學術界同仁申訴比例偏高的第一個原因，可能是由於許多同仁「不信任」現行的聘審程序。若干研究同仁或系所（尤其是人文社會領域），有時因為其研究領域的地域或學派特性，而有「評審難覓、共識難尋」的困擾。雖然這樣的學門困擾並不是科學界的常態，但科學家也相當能了解。然而另一方面，即使我們承認學門學派特殊性的存在，也不能因此而否認「大量專業評審、充分同僚支持」的重要性，更不能輕易地將反對的聲音解釋為門派偏見而不予理會。正因為學術評審必然存有判斷誤差，我們也就很難在一案、一時、一次的評審中，尋得百分之百的絕對正義。美國許多大學對升等或續聘，要以十幾封推薦信、及三分之二、或百分之八十的支持為要件，部分原因也就是希望能減少誤差。

學界比較擔心的誤差，是指「誤讓不夠資格的人評審通過」，例如，誤讓不夠水準的二流教授待在一流大學貽誤一流的學生；這種誤差一旦發生，很難在制度上予以彌補。學界比較不擔心「誤讓夠資格的人評審不過」，因為水準高的教授即使在甲校受到誤審，「此處不留爺，自有留爺處」，他仍然可以在乙校、丙校等許多地方得到肯定，因此總會有其他形式的制度化彌補，這一點容後再討論。

申訴制度本質扭曲？

要建立台灣學術界對評審制度的信心，是需要時間的。坦白說，我們需要一點耐心，不可能期望速成。理想的情況，也許是像美國許多知名大學一樣：大多數人都信服評審的公信力，也只有極少數的個案會提出申訴。在這種理想的狀態下，申訴制度其實是在保障兩類基本人權。第一類是要避免因為性別、種族、宗教等歧視因素而造成的不公平評審；第二類則是要避免因為學術主流壓制而造成「哥白尼」式學術人權的迫害。為了要避免這兩類廣義人權的迫害，我們就要讓被拒絕的個案有申訴、甚至訴訟的權力。由於基本人權保障的「優先性」極高，所以我們希望它的概念要嚴謹定義，不應該有滿坑滿谷的人在認識不清的情況下，都說自己的基本人權受到了侵犯。如果真有極高比例的申訴案與申訴通過率，這表示正常的評審簡直沒有作用，長此以往，則等於是在摧毀正規的評審制度。美國各大學只有極少數比例的個案會提出申訴，也正反映了這種「尊重正常評審、人權例外保障」的精神。

司法機關介入大學升等的運作，其切入點應該是在此類基本人權的維護，卻未必與所謂「工作權」有什麼關係。我們要特別指出：「能找到一份工作養活自己」也許可以視為基本「工作權」，但「能在哈佛大學教書」卻絕不是政府所能保障、所應保障的權利。同理，「能上國民中小學讀書」是基本教育權，但「能上台大醫學院讀書」卻與教育權扯不上關係。

以上所描述的升等評審都是美國大學的情形，對台灣學術界而言，也許有人認為「理想」了一些。有些學界朋友說，他自己的個案確實遭到打壓與不公平待遇，要求與評審者「公開辯明是非」。對此，我們也許可以換一個角度來看問題。專業報章或期刊的評審與編輯，偶爾也會遇到作者認為自己所投稿件遭受不公平待遇的抗議。編輯們對於這類抗議，當然會再次審閱投稿。但除非其中是非極為明顯，即使評審者的確有一些小誤差，編輯往往會回覆抗議者，大略表達「本刊程序嚴謹、未見重大瑕疵、歡迎以後支持」之類的說詞。有一位表現傑出的學界朋友向國外投稿時遭期刊退稿，於是向主編申訴，說明自己的文章貢獻之所在。主編回函說（中譯）「本刊程序嚴謹、未見重大瑕疵、歡迎以後支持。Fortunately，we are not a monopoly」。當主編最後說該刊不是「壟斷」刊物，請作者改投他處時，其實是表示學術界有它的「市場」（market），這「市場」其實正是前文所敘述的「制度性彌補」，這觀念非常值得重視，也應該再加以闡釋。

評審有待市場評量

當作者向刊物抗議時，其實也是一種申訴。然而即便評審對個案有些許誤解，作者仍然有相當機會投稿其他刊物；除非所有獨立編審的刊物都同時歧視一篇文章，否則並不會產生「哥白尼式」學術人權迫害的顧慮。正因為如此，許多刊物都採取「匿名評審、有限答辯」的制度，不會讓一篇文章在作者與編審之間一再往返辯詰。總而言之，如果刊物只有一份，那麼「匿名評審、有限答辯」恐怕比較會有學術壓迫的考量。但如果相關刊物有好幾十種，那麼擔負評審公正重責的，就不是單一刊物，而是整個學術界同儕（學術市場）。在經驗上，我們甚至可以說：每一個刊物雖然極力避免個案評審誤差，但結果卻一定有誤差，而且無法避免誤差。在「評審誤差」與「權益迫害」之間，距離是非常大的。

當教育部決定將是否准許教授、副教授升等這個行政權下放時，「下放」二字其實有兩種不同的詮釋：其一是單線授權（delegation），其二是多線分權（decentralization）。前者是指院長授權副院長或副院長授權秘書長之類；如果行政權下放是指單線授權，則被單一授權者當然應該遵從授權之前相關行政處分規範的約束。至於後者，則是將原本集中於某一行政機關的權力，分散給許多不同的當事團體（各大學）。如果是如此，則由於當事團體的異質性，其決策、判準、評量等等自然有所不同，於是「行政處分」的單一規範性就減弱了，而各大學之間的市場異質性也就逐漸浮現。

將前述刊物評審的觀念拿到學術機構的場域內，也能提供我們一些省思。許多學界的朋友，也許在哈佛沒拿到長聘，但普林斯頓卻給予長聘。也許在柏克萊沒能升等教授，卻由麻省理工學院提聘教授。更有不少人先遭甲校拒絕長聘，轉至乙校數年後，再由甲校禮聘回來。此外，某長春藤名校的經濟系曾經約有二十年的時間不長聘任何人，助教授任職六年一律被趕走。該校當時的策略，是以「挖角資深教授」取代「留任資淺教授」。這個「一律無條件解聘」的政策，顯然不符合大法官

「專業評審」的要求，不但沒有人埋怨、申訴，也從不影響該大學經濟系的水準，原因就是：該校的校譽已然使他們佔據了學術市場上的制高點，不必要在六年的短時間內匆促決定是否給予長聘，寧可等上十年，再將他校已然成熟的學者挖來該大學。

另一方面，被一流大學解聘的教授也不表示「工作權」喪失；相反的，有一大群次級學校等著要延聘被一流大學解聘的人，這也是學術市場分級的體現。更普遍的情形是：許多大學系所是只在當事人「拿到他校聘約（offer）」的情況下，才積極讓當事人升等。面對這種情形，當事人往往要靠外在市場的肯定，去爭取自己系（所）內同仁的肯定，由此我們更能看出學術評審的「市場面」。

總之，這些例子告訴我們：（一）任何一個時點的學術評審都可能有誤差的。（二）只要學術機構夠多，除非每一間學術機構都同時發生扭曲，否則一件個案在某校的少許誤差，並不必然會損害當事人的基本人權。（三）即使一件個案在某個時點遭到評審的誤解，但**長期而言，有反省能力的單位總是會設法彌補的**。（四）大學並不是「同質」的，某教授如果不能在一所學校通過升等續聘，卻很可能獲得其他學校的聘約。所以一校一地的解聘，其實未必與所謂「工作權」有什麼關係。（五）系所的專業評審與外在市場評價其實是互補的；我們很難拋開市場評價而片面地討論專業評審的是非曲直。

法律市場分工補救

以上的看法並不是反對升等續聘的申訴，而是要**設法辨明「申訴補救」與「市場補救」之間的區別**。前者應該適用於違反學術人權與基本人權的少數例外；至於無涉人權打壓的學術判斷誤差，則有賴於整體學術市場的互補與調整，慢慢地修正改進。如果學界同仁們有以上的了解，則學界的申訴案件也應該能慢慢減少。

談到這裡，再讓我們研讀一下大法官釋字第四六二號解釋文及其後續研討。有些大法官誤將大學內各院系（所）的教師聘審委員會，視為唯一的「專業審查」單位，不但忽略了學術市場的角色，似乎也沒有充分了解校內分級審查的實質意義。對於發展比較不理想的系所，美國大學的院長或副校長，也偶爾會有否決系所升等案，甚至設置特別委員會取代系所聘審權力的例子。大學的副校長或專案委員會如果經過評估，認為系所的升等案未具充分說服力，就會否決系所的升等案。系所與大學之間的關係，也與彼此的互信互動息息相關。如果一個系所最近常提出品質不良的升等案，那麼該系所個案，日後受到大學否決的比例可能就會較高。反之，一個佳評在外的系所，幾乎不需要多做解說就能在校內順利通過個案。

因此，**某系同仁升等的順遂與否，與該系以往的學術聲譽有關**。這種現象，與「公司商譽有助於該公司商品之行銷」又有何不同？這不也反映了學術評審的市場面嗎？所以我們應該了解：**系所升等續聘案件，除了法規本身的約束之外，也與整個研究的大環境有關，很難在一案一時的爭論中，在該校該系之內找到絕對的公平**。但長期而言，**學術市場卻能客觀地反應學者在同儕之間的相對成就**。

總之，我們雖然能在審議法規的程序上多做改進，但徒法不足以自行，台灣學術界仍然需要做一些心態上的調整。一方面，我們希望能改變以往將教授、研究員均視為一般公務員的心態，**坦然接受外界的嚴格評審與可能的小幅誤差**；另一方面，我們也希望法界專業人士能漸漸建立起「學術市場」的觀念，**了解各大學升等續聘的異質性**。也正因為學術市場有異質性，才有「去除平頭平等」、「追求學術卓越」的學界呼聲；這些都是學術市場概念的延伸。我們的法制或許不能促成學術市場與學術分級，但至少應該**要有足夠的彈性**，**容許學術界的自我調整與成長**，這是學術界的共同期望，也是史蒂格勒（G. Stigler）管制理論所揭櫫的要旨。

16 公司治理與國家治理

在二〇〇五年前後，公司治理（corporate governance）四個字儼然成為台灣流行的時尚名詞。公司治理雖然不易定義，但我們可以將公司治理設想為**企業管理**。一般而言，好的企業管理要能讓投資大眾、債權人、政府等利害關係人放心。例如，台積電普遍被認為是台灣的優良企業，因為利害關係人都對該公司的管理階層有信心，這就代表該公司治理良好。反之，中國力霸、嘉食化申請破產重整，引發集團旗下中華商銀的擠兌潮，顯示該集團無法取得利害關係人的信任，這就是公司治理不良的顯例。簡單說，公司治理就是一家公司的制度、運作、架構的總稱。

公司與國家理念相通

治理有兩個入門核心觀念：資訊不對稱與目標不一致；用民主政治做例子，最能幫助讀者了解問題的核心。公司治理與政府管理都有一個關鍵點：**資訊**。相較於政府，人民是資訊弱勢者，總統、立委、官員及其親信則是資訊優勢者。政府官員知道工程底價，人民不知道；相較於公司管理當局，小股東、債權人等是資訊弱勢者，董事會成員、經理人則是資訊優勢者。企業管理階層擁有小股東所沒有的公司內部資訊。此外，資訊優勢者與資訊弱勢者的目標不同，前者經常會以自身利益為出發點，甚至利用貪瀆、掏空等手法來謀取利益。因此，政客和小老百姓最大的差別就在於**訊息不對稱與目標不一致**，這也是CEO與小股東最大的差別所在。

接下來要討論的是政府與公司的治理規範。確保國家能正常運作的規範有：權力分立、立法、預算、審計、刑事政策、採購法等；確保公司能正常營運的制度則有：預算、董事會、稽核、審計、監察等。由此類比可知，國家就如同一間大公司，每位人民都是股東，民主制度運作的道理與公司治理雷同。

法律與制度不足自行

許多人認為制定法律是解決資訊不對稱問題的途徑，但是現實狀況卻非如此。法律的約束能力永遠有限，而且資訊優勢者擁有的資訊複雜而多元，總有法規管制不到的死角。以採購法為例，為了避免貪汙舞弊，假設我們規定一百萬元以上的標案必須以公開招標的方式處理，有心人士可能就會設法將一個超過一百萬元的大標案，拆成兩個低於一百萬元的小標案，以鑽法律漏洞。因此我們必須了解，並不是所有的資訊不對稱問題，都可以透過立法解決。同理，我們可以制定公司法、證交法來規範公司的管理階層，但是無法布下天羅地網全面涵蓋。因為公司經營者擁有的資訊種類複雜而多元，例如，公司計畫跟誰合作、或有意併購某公司，這些內部機密資訊，外人無從得知。

因此除了法規之外，還必須仰賴「責任政治」的力量。責任政治就是執政者或管理當局必須對人民或股東「負全責」。公司除了受法規規範之外，還要有一位負責的總經理，沒有一家公司有強迫總經理辭職的規定；都是公司經營不善，總經理自發性地引咎辭職。

公司業主享有扣除工資、租金和利息等支出後的企業剩餘利潤，同時也承擔公司經營成敗的所有可能風險，例如，天災、人禍、原油斷貨或兩岸戰爭等不可抗力因素。正因如此，學界都將業主稱之為剩餘價值請求權人（residual claimer）。**公司老闆不能以法規的不熟稔、股市的衝擊、國際情勢多變等外在因素卸責；只要決策錯誤造成公司重大虧損，他就應該辭職下台，這就是責任政治。**

負責的判準為何呢？依據韋伯（M. Weber）的看法，具有資訊優勢或掌握權力的人應該就成敗負完全的責任。韋伯說，倫理分為兩種：意圖倫理與責任倫理。以公司營運的例子來說明，如果投資失敗後，決策者辯稱當初投資是出於善意，是想為公司開疆闢土，強調自己起心動念的良善，這就叫作「**意圖倫理**」。但是，**領導者不能以他出於善意來逃避責任，他必須接受「以成敗論英雄」**，這才符合「**責任倫理**」的概念。因此，所有的公司老闆或政府官員都應該符合責任倫理，而不是意

表一：政府管理與公司治理的比較

	政府	公司
資訊弱勢者	人民	小股東
資訊優勢者	總統／立委／官員及其妻小	董事會／經理人
弱勢者目標	私利（民生樂利）	私利（股利／股價／EPS）
優勢者目標	私利	私利
治理規範	權力分立、立法、預算、審計、刑事、採購	預算、董事會、稽核、審計、監察
法規夠嗎？	（法條有限、資訊雜多）	（法條有限、資訊雜多）
法規以外	責任政治	責任治理
負責判準	具資訊優勢者、握權者負責（M. Weber） 意圖倫理不足恃，責任倫理才重要	

圖倫理。綜合上述，我們將公司與政府之間的類比，整理如上表一。

大學考古題略述梗概

如前段所述，公司治理的問題與資訊不對稱息息相關；我們在本書第1章已經概述資訊經濟學的梗概，現在，我們想利用一則某大學的考古題，進一步述說它的內容，並將它與公司治理相銜接。題目：假設明神宗手下有三位大臣，每位大臣的阿諛功夫都是一流，明神宗無法分辨誰比較忠心，但是他知道他們準備各科考試的時間成本，於是決定用考試的方法分辨誰比較忠心。下頁表為三種人準備論語、兵法、朝儀各個考試科目的單位時間成本：

科目	最忠者	次忠者	不忠者
論語	3	2	5
兵法	4	5	4
朝儀	2	3	4

上表中，最忠者，花1單位時間準備論語考試所投入的成本為3單位，其餘類推。假設每投入1單位時間準備，可以使成績增加20分。明神宗想要選擇考x科目，並使成績通過y者升官。升官之後，俸祿增加15。考題要求學生告訴明神宗x、y各為多少。

朝廷治理就如同國家治理、公司治理，明神宗是公司老闆，三位大臣是公司雇用的員工。明神宗不曉得大臣忠心與否，但大臣們自己知道，所以他必須設計一個考試和成績門檻，以解決資訊不對稱的問題；換句話說，明神宗必須找到一個訊息，好讓最忠者自願「表現」，而不忠者自願「隱藏」。如果能找出這個訊息，大臣的忠奸立辨，這就是朝廷治理、公司治理。

假設台積電公開許多資訊，那麼它想傳達的是：我們願意主動公開這麼多資訊，可見我們多正派。然而即使是不正派經營的公司，也可能想要效法台積電主動揭露公司資訊，因此，台積電為了做出區隔，應該傳遞哪些不肖公司無法模仿的訊息；也就是說，台積電必須找到「正派人」做起來不吃力、但

「邪門者」要模仿則非常困難的事情。例如，台積電設置「審計委員會」，聘雇獨立財務長、總稽核，這就是正者求之不得、邪者避之唯恐不及的事情。公司如果沒有A錢的意圖，才敢聘請非親非故的人當財務長。相反的，有A錢意圖的公司，它的會計人員一定是親信，它們無法模仿「用人唯才」，從而被迫凸顯自己公司的劣質性。

在上述朝廷治理的例子中，明神宗要找的是一個「最忠者準備成本最低的考試」，那麼，明神宗應該訂考試科目為「朝儀」，因為相較於其他人，最忠者準備朝儀的成本最低，考朝儀可以讓他輕鬆取得好成績，所以 x＝朝儀。

決定考試科目為朝儀後，明神宗應設法逼退最可能威脅到最忠者（準備朝儀的單位時間成本為2）的次忠者（準備朝儀的單位時間成本為3）。這裡所謂「逼退」，就是想要次忠者沒辦法「模仿」。讓我們看看這逼退戲碼要如何演。由於升官後俸祿會增加15，而次忠者準備朝儀的單位時間成本為3，所以他願意準備的時間最多為5單位（15 / 3 = 5）。又因為每投入1單位時間準備，可使成績增加20分，所以明神宗會知道次忠者最多可以得到100分（5×20 = 100），因此錄取成績應訂為100分以上。假設錄取門檻為110分，最忠者只需花5.5單位時間（110 / 20 = 5.5）準備朝儀考試就可以升官，而升官後得俸15，考試的準備成本僅為11（2×5.5 = 11），淨賺4（15-11 = 4），所以最忠者願意為了得到110分而拚命。次忠者則不願，因為即使他同樣投入5.5單位時間也可以得到110分，但他準備朝儀的單位時間成本是3，總投入成本為16.5（5.5×3 = 16.5），不足以彌補增加的俸祿15，於是次忠者會選擇放棄。

當明神宗宣布朝儀要考到110分者才能升官，會造成兩個結果：最忠者願意投入5.5單位時間去努力準備考試，最後獲取淨報酬4；次忠者以下的人則不願花5.5小時準備考試，因為他們的淨報酬為負。於是最後可以達到「來者必善，惡者不來」的目的。

靠分離均衡分辨善惡

傳訊有兩種均衡，一為分離（separating），一為混合（pooling）。在上例中，皇帝可以設法區辨忠奸，讓忠心者願意努力準備考試，奸臣不願意努力而自動放棄。因此均衡時，最忠者／次忠者（或好人／壞人）會因選擇不同的策略而自曝其忠奸，這就是分離均衡。但有些時候，我們無論如何都無法分辨好人與壞人，這就是混合均衡。愛情則通常達不到分離均衡；我們無法辨別誰是真愛、誰是假愛。假設有十個人站在郭台銘女兒的家門口，每個人都說自己愛她，我們要如何區分誰是愛她的美色？誰是愛她的錢財？誰是愛她的人？這時要找出一組（x, y），讓追求者通過測驗一一現形是非常困難的事情，這就是混合均衡。

企管問題中，有很大的部分與資訊有關。主事者面對資訊不對稱的問題時，應該進行機制設計（mechanism design）。例如，前述的明神宗決定考試科目、台積電揭露何種訊息才能使力霸無法模仿、如何設計組織系統讓組織效率變好、公司董事如何設計公司治理制度、國家該如何設計民主制衡制度、站在小股東立場主管機關該如何獎勵與處罰業者，這些都屬於機制設計問題。

台灣金控法第五十四條規定，金融控股公司如果有違反法令、章程或有礙健全經營之虞，主管機關就可以解職經理人。「之虞」的意思是指：只要對經理人存有任何不信任，就算他尚未違法，仍然可以請他下台。某公司經理人的作為欺瞞了股東，使股東受損，刑法上稱為背信罪；如果坪林鄉鄉長辜負鄉民的託付，為自身謀取利益，這不叫背信，而叫貪汙，但性質其實差不多。人民公僕如同公司的老闆，人民委託公僕做事，就像股東委託老闆做事；人民把一切權利交給公僕，就像股東把操作資金的權力交給老闆。因此，公司治理與國家治理幾乎是同一回事。就力霸集團而言，你可能找不到背信詐欺的刑責，但是你可以用其他的事證，推論小股東可能的疑慮。

資訊不對稱遂有虞慮

以「內線交易」為例：它使得少數經理人得利，但卻危害了小股東。例如，報載三井宴中，趙建銘等人從台開高層口中，得知該公司的內線消息，於是進場買了台開股票，大賺一筆。內線交易在法律上很難舉證，在這案例中，如果內線交易的罪名要成立，我們必須舉證，趙建銘等人吃飯時確實有聽到台開的利多消息、台開股票的漲價與此利多消息有關、趙建銘的母親突然跑去買台開股票是趙建銘建議的。對公司小股東而言，很多事情無法舉證，但是在責任政治的概念下，只要有「之虞」就已足夠。

如何判斷「之虞」？這牽涉到證交法中的「非常規交易」。非常規交易意指依常理不太應該發生的交易。例如，微軟（Microsoft）與網景（Netscape）曾於九〇年代掀起一場著名的瀏覽器大戰，微軟為打擊對手，連續推出了數個瀏覽器軟體版本，都隨Windows附贈，相較於當時網景的付費使用政策，網景的市佔率自然大幅滑落，引發該公司強烈不滿，因而控告微軟非法壟斷市場，但微軟辯稱這純粹是出於回饋消費者的一片好意。我們該如何證明微軟是在打擊對手？這非常困難。但是以利潤極大化的角度考量，微軟不應該贈送產品，應該要用賣的。假設所有的公司都是利潤極大化的追求者，如果微軟做了一個不合常理的決策（非常規決策），法院會要求微軟證明這個行為確實是為了追求利潤極大。如果微軟無法證明它的行為與牟利相合，那它就有惡意打擊對手「之虞」。在這種情況下，法律上將舉證之責交給被控公司，而不是指控一方。

美國常常指控台灣公司傾銷，假設一台電視在台灣賣一萬元，理論上加了運費之後，在美國賣的價格應該比台灣貴，但是電視運往美國後，在當地竟然只賣八千元。因此，美國的貿易單位就會要求台灣公司證明，上述行為是追求利潤極大化的表現。如果台灣公司能夠想出合理的理由說服裁決單位，這項指控就無效，否則就會被冠上傾銷的罪名，所以舉證責任在被控的台灣。

表面的證據合理懷疑

在此，我們該向讀者介紹一個關鍵詞：**表面證據**（prima facie evidence），意思是指：只要你做了非常規的事情，就是違法，除非你能證明自己沒有違法。例如，假設你經營的公司計畫併購甲公司，而你妻子的親戚在公司通過併購決議之前，購買該公司股票五萬張，一旦併購完成、股票上漲他就賺錢。如果你能說服我們，他是基於自己的投資邏輯才突然購買五萬張股票，我們就相信這個非常規交易與內線消息無涉，否則這就是內線交易。表面證據是指：如果你的行為表面上看起來不合理或矛盾，除非你能夠合理化你的行為，否則這件事情本身就是一個舞弊的表面證據。

一般的刑事罪名要成立，檢察官或原告必須舉證，但為何非常規交易或傾銷這類罪名的不成立，要由當事人舉證呢？這是因為**資訊不對稱**、**目標不一致**。公司老闆擁有太多小股東所沒有的資訊，他是資訊優勢者；政府官員也知道很多人民不知道的事，像是工程建案的底標底價。如果官員知道底標底價，未保持中立的利益迴避立場，反而與打算參加競標的工程人員喝酒，當然該由官員舉證為什麼要這樣做。這完全相反的權利義務在責任政治之下非常明顯，這是為保障資訊弱勢者所不可或缺的設計。所有的非常規交易都是表面證據，除非能夠提出反證，否則表面證據就是定罪的證據。

傾銷也與普通的刑事罪名不同，只要美國人認為台灣產品的售價比賣到美國的售價還貴，這就是傾銷的表面證據，除非你能夠合理化這個現象，否則這就是傾銷。是否存在某個理論能合理化這個現象呢？其實是有的。假設你生產的同一型電視，台北的售價為一萬元，而美國的售價為八千元，你可以這麼解釋：由於去年生產過剩，數萬台電視滯銷使得存貨成本過高，所以在追求利潤極大的目標下，為了降低存貨成本，不得不降價求售，不是故意削價競爭。如果美國貿易總署接受這種說法，你就能免責。

總之，公司治理的核心概念有二：資訊不對稱、目標不一致。由於法律條文有限，不可能窮盡，如果要做好公司治理，就得靠經理人創造「分離均衡」或放棄優勢，這是一個責任概念，不是法律概念。如何才算負責任呢？簡單說，就是要展現放棄優勢、創造分離均衡的誠意。例如，設置適任的獨立董事、審計委員會，並依法選任財務長、會計、稽查等重要人員。如果老闆願意對公司的要職用人唯才，就表示他沒有私心；反過來看，如果他設法隱匿若干該誠實揭露的資訊，就有舞弊的表面證據，他就必須舉證釐清。

議程動手腳必有圖謀

要判斷公司治理有無「之虞」，可以用台積電為對照組，如果有些事情台積電可以做，那你為何不做？一個問號可能是偶然，很多個問號就是「之虞」。例如，公司法規定重要的事項須經董事會通過，但是在台灣，許多重大議題都是在董事會最後的臨時動議時間才提出，讓人措手不及。臨時動議代表董事們在開會前都沒有看過該議案，在時間有限的情況下，董事們無法針對議案深入思考，這種匆忙、緊迫的狀況，通常會讓議題草率通過。這種情形偶一為之，可以解釋為巧合，如果所有重要的議題全都在臨時動議通過，那麼其中必有重大圖謀，這就是「之虞」。

公司治理和國家治理相似，以前，香港的公務體系貪汙非常嚴重，而且貪汙的都是警察，於是政府制定了「財產來源不明罪」。絕大多數的刑罰是無罪推定，但財產來源不明罪則反過來，幾乎是有罪推定。假設甲是坪林鄉鄉長，月薪十萬元，一年薪水不過一百二十萬元，但是在甲當了三年鄉長後，財產卻暴增了一億五千萬元。甲必須負責向檢察官說明這些財產的來源，如果無法解釋，就被推定為貪汙，這就是財產來源不明罪。

為什麼政府官員有義務去解釋財產來源？還是老答案：因為官員與人民之間「**資訊不對稱、目標不一致**」。公司治理與國家治理的核心觀念，就在這十個字。

第五篇

政治經濟

17 民主競爭的市場法則

如果我們將一九六〇到一九七〇年代，視為台灣經濟發展的「起飛」階段，那麼一九九〇到二〇一〇年代，似乎也可以視為台灣民主政治的「起飛」階段。上述經濟發展和政治民主兩件事，雖然看起來好像毫不相干，但它們彼此之間卻有很多相通的特質。對於已經熟悉市場經濟的社會大眾而言，如果我們能用市場經濟的角度來解讀選舉活動，也許能夠把國內很多的選舉現象與問題，看得更清楚。

另一方面，在二〇〇三年台灣通過了公民投票法，原本也沒有什麼轟轟烈烈的事件。但是，在二〇〇四年發生了「公投綁大選」事件之後，台灣人民剎時驚醒，公投這種民主參與的方式，也有堅強的「主體性」意涵。二〇〇九年，這一股直接公民參與的公投風也燒到了地方。依二〇〇九年修改的「離島建設條例」，離島地區也可以地區公民投票的方式，決定該地是否要興建賭場。因此，除了議會代議政治之外，直接民主的公民投票也成為公共決策的模式之一，值得關注討論。我們將在本章後段予以說明。

選舉與市場競爭的相互類比

選舉活動的魅力，在於它能滿足社會不同人士間的多元化偏好。從市場的觀點來看，社會大眾對於公共事務的偏好，如同其對商品的偏好一般，往往不盡相同。拿飲食習慣為例，每個人都是根據自己的飲食偏好來選擇；有人喜歡北方麵食，有人偏愛台菜料理，也有人嗜吃四川麻辣，還有人獨鍾港式風味。這種種飲食習慣的選擇，和政治上選擇統／獨立場，或反核／擁核的態度，其實都源自於個人偏好的差異。

而選舉活動中，候選人所扮演的角色，無非和餐館經營者的角色一般。廠商（候選人）的目的是要賺錢（勝選），於是他們先決定要開什麼風味的餐館（選定政治立場），其次，再設法烹煮出最符合該風味的菜餚（提出政見），來滿足顧客（選民）的偏好。越能吸引顧客（選民）的餐館（政見），就越能達到賺錢（勝選）的目的。由此觀看，選舉活動和商場競爭的道理是一樣的。生產者（候選人）殫智竭力地揣摩消費者（選民）的偏好，並據此推銷自己的商品（競選），從而達到佔領市場（勝選）的目標。

在市場自由競爭的機制下，消費者是用金錢來選擇自己偏好的商品。而在選舉活動中，選民則是用選票來肯定他所支持的候選人及他的政見。同樣的道理，在場機制下，佔有率較高的商品，才有可能得以在市場競爭中存活下來；而在競選活動中，得票率較（最）高的候選人，才有可能在選戰中獲勝當選。選舉活動中候選人彼此之間，以及他們和選民之間的關係；也和市場活動中生產者彼此之間，以及他們和消費者之間的關係相當一致。選舉競爭與市場競爭之間的類比關係，其實早在半個世紀之前，就已經由經濟學家霍特林（H. Hotelling）與唐斯（A. Downs）先後提出。

消費者導向的從政依循

既然如此，我們不妨來看看什麼樣的生產者，才有可能在市場競爭中得以成功，接著便不難想像，什麼樣的候選人才有可能在選舉活動中獲得勝選。舉例來說，如果一個賣洗髮精的廠商想讓他生產的產品在市場上銷路暢旺，並維持高度的市場佔有率，那麼他可能需要隨時隨地觀察市場上消費者的偏好，並儘可能地調整他的洗髮精配方，以及包裝與行銷方式，來滿足最多消費者的偏好。

以洗髮精配方的調整來說，每個人對洗髮精的偏好各不相同，消費者的偏好也會受到年齡、職業、個性、教育程度，以及髮質和髮量（油、乾性或髮少、顯禿）等因素的影響。一名成功的洗髮精生產者，必然是想盡辦法來改變它的洗髮精配方，並配合適當的行銷策略，以求做好市場區隔，從而滿足最多消費者的偏好，這樣才能使他的產品在市場上佔有一席之地。相反的，如果這位洗髮精老闆每天只想著如何改變洗髮精的配方，來滿足自己的個人偏好，而不是滿足消費者的偏好，那麼他的洗髮精很可能只有自己愛用，其他消費者都不會想要購買。特別是當他對洗髮精存有特殊的癖好（例如斯人有疾，竟然喜歡用有異味的洗髮精）時，如果他只生產自己喜歡用的洗髮精，而不問消費者的偏好在哪裡，那麼這種生產者勢必要被市場淘汰。

同理，一名從事競選的政治人物，如果他想獲得最多選民的支持，最好得隨時隨地觀察選民的偏好，並儘可能地調整他的競選政見、語言與策略，來滿足最多選民的偏好。因為唯有講出選民心中最喜歡聽的話，哪怕是見人說人話、見鬼說鬼話，才能得到他們的支持。反之，如果他只重視自己的意識型態，而不能掌握「民之所欲常在我心」的真諦，那麼他便只會表達自己心中的愛恨情仇，而未必符合選民的期待。最後他在競選活動中便可能得不到足夠的支持，只能落得敗選的下場。

極端的政見何以存在？

如前所述，選舉活動和市場活動的道理非常相似；不同的候選人就像不同的商品般，任由選民來挑選。能夠當選的候選人，往往也代表他的言行受到多數選民的支持。但國內常見有部分政治人物，因為問政風格低俗或玩法弄權而受到輿論撻伐，卻依然能夠當選。這種現象的存在，又是什麼原因呢？

既然在選舉活動中，一名成功的候選人必然是對選民投其所好，那麼這些成功候選人就要以「講選民心中愛聽的話」為主。如果我們將只講假話不講真話的人描述為「政客」，則在選舉機制下，成功的候選人很可能正是一位標準的政客。當若干政客問政低俗、政見極端時，也許我們該問：是不是有什麼制度上的原因誘使他們如此「不顧形象」呢？

在媒體上，我們經常看到社會各界希望將民代選舉改為「單一選區」制的呼籲。所謂單一選區制，是指將行政版圖劃為若干小區，而每一小區只當選一人的制度設計。就縣市長、鄉鎮長或總統選舉而言，由於各地只會選出一位首長，所以這類選舉當然是單一選區制。但早年立委、縣市議員選舉則不然。以台北縣市、高雄縣市為例，雖然本身劃為若干選區，但由於區域劃分太大，因此每個選區之內應當選出的立委或議員人數就不只一人。在這種「複選」制度下，候選人就未必需要吸引大多數人的支持；相反的，一個候選人如果能吸引一小群偏好極端的選民的支持，有個三萬票左右，往往也能在複選制度下當選。在複選制的誘導下，當候選人有動機要吸引極端選民時，他的問政風格趨向極端，自然也就不足為奇了。立委選舉在二〇〇七年正式改為單一選區，但市議員選舉卻仍未修改。

單一選區制與複選制的區別，在餐飲市場中也有自然的類比。社會上多少也會有一些喜食重辣、重酸、野味、全素等特殊偏好的人；只要這些特殊食客人數夠多，而市場上可以同時容納多家餐廳，則自然會有少數餐廳，雖然只提供上述極端口味的食物菜餚，也仍然能夠存活。但如果在特定社區內或員工宿舍中只容許招標開設一家餐廳，則前來投標的業者就不可能以提供特殊口味的菜餚為號召，而必須以提供大多數人能接受的食物為主。在這例子中，要在特定宿舍內招標一家餐廳，就如同在特定區域裡只選出一人，都是一種「單選」制。而單一選區制比較能夠誘使候選人言行「中道」，理由也與前述社區、宿舍餐廳傾向中庸口味的例子雷同。

模糊的政見何以存在？

前文提到，在某些選制之下，若干候選人會有提出激烈政見的傾向，例如在統／獨議題，或是擁核／反核議題上極端表態。相對於這種極端表態的行為，我們偶爾也會看到候選人閃爍其辭、兩面討好的例子。在一九九六年的總統大選時，美國《時代》雜誌（*Time*）就曾報導當時台灣民眾對李登輝（國民黨總統候選人）統獨立場的看法。該雜誌指出，台灣民眾大約有三分之一認為李先生是獨派、三分之一認為他是統派、另外三分之一說他們無法分辨他的統獨立場。選民之所以會有如此分歧的看法，或許是因為李先生分別花了不少時間參與親統與親獨團體的活動，使得若干人得到「他一定是認同我們」的主觀想像。如果政客們的一言一行都是為了要吸引選民，那麼任何一位政見模糊的候選人，他的作為當然也就是「有所圖謀」了。但是言辭閃爍又能圖謀到什麼呢？

總統當然只有一人能當選，所以總統候選人萬萬沒有言行極端的理由。以統獨立場為例，在單一選區的制度下，一旦候選人甲被定位為統派，則獨派絕不會投票給甲；一旦甲被歸為獨派，則統派也不會給予支持。可是甲也未必適合表示自己「不統不獨」，因為說不定「不統不獨」的立場，統派與獨派都不能接受，兩派都不支持。如果若干選民的主觀極強，寧可投廢票（或不投票）也不願意支持與自己看法有相當差異的候選人，那麼他們的投票行為往往是採取「排除法」，也就是「極左派的人絕不投給中間及偏右的、而極右派的人絕不投給中間及偏左的、中間的人則不投給左右極端的」。明白這個道理，候選人就要極力避免被定位為極左或極右或中間，以免因此而喪失大量選民的支持。政見模糊閃爍的目的，就是要維持候選人在若干主觀強烈選民心目中的「可塑性」，不至於被他們排除。雖然選舉競爭與商業競爭有諸多類似的地方，但是像「政見模糊」之類的策略，卻很少在商業競爭中看到類比。

協商代價高只好代議

政客政治一如市場經濟，它的最大好處在於促使政府的公共決策，儘可能滿足芸芸眾生們的偏好。但是，如果政客們總有不說真話、言詞閃爍、政見極端的毛病，為什麼我們還要選舉他們來從事政治活動呢？為什麼我們自己不能做自己真正的主人，以「公民複決」、「全民公投」的手段，直接參與政治呢？這就與民主政治的另一項特色——代議政治有關了。

代議政治的特色，就是公共決策是由人民選出的代議士（民意代表）來決定，而不是直接訴諸公民投票。如果所有公共事務都要付諸公民投票，那麼它的決策成本顯然太高。但在代議政治下，由於參與投票人數可以大幅度減少，因此避免了由全體公民投票所造成「勞師動眾」的高成本問題。然而，代議政治的真正好處，不僅止於節省投票成本。代議政治最重要的特質，是它節省了不同意見者進行討論與協商的成本，而討論與協商正是民主政治的精華所在。

其實，公共決策無論是由公民投票或由民意代表投票來決定，只要投票法則是採取一般通用的多數決（少數服從多數）法則，那麼多數「欺負」少數的問題便難免會發生。如果各種議案沒有充分的時間溝通、說服、辯論、協商，那麼多數票決是否真正能夠增進整體社會利益，其實不無疑問。為了避免這種情形發生，於是公共決策的形成，最好是透過討論與協商來進行，以使得少數能服從多數之外，多數也能尊重少數，將議案修正改善，如此大家各讓一步，彼此妥協下找出最大的共識，才能夠減少倉促多數決可能為少數人所帶來的社會傷害。換句話說，最理想的公共決策，應該是以充分的協商溝通為前提。充分地溝通討論，其實是動用表決的前提。

然而討論協商是否能夠順利進行，端視參與協商人數的多寡而定。當協商人數增加時，協商成本會成階乘級數增加。如果沒有代議政治，我們可以想像：當全台灣二千三百萬人想要共聚一堂來討論公共事務時，它的可行性顯然甚低。即使把參與討論的人數縮減到一百萬人或十萬人，恐怕連集合場所也都找不到；這就是諾貝爾獎得主寇斯（R. Coase）所說的協商交易成本。因此，協商必須建立在代議制度下，由人民選出有限人數的民意代表，來表達不同團體的意見，方能有利於彼此的協商。

總之，我們透過選舉活動選出的民意代表，最重要的目的是希望他們在協商過程中，能夠充分「轉達」選民的意見。另一方面，如果協商有效率、共識能達成，民代也會將協商的成果向選民報告，讓選民了解最終的結論。如此雙向轉達，民代的角色其實非常像是一般機關行號的「收發」。因此，不管民意代表是「政客」也好，是「政治家」也好，只要他們在協商公共決策時，能夠正確轉達背後選民的意見，他們便完成了選舉所賦予的使命。

代議士忠實扮演民意收發的角色，顯然只是個理想。在台灣的現實政治環境中，代議士往往能夠利用接觸媒體的方便，誇大或尖銳化特定議題，再將自己定位為主流民意的一方，以鞏固其民意基礎。我們設計代議制度的目的，是希望民意代表能夠有效地轉達、維護我們的立場，而不是任由民代來左右、影響，甚至激化選民間的感情。也因為如此，台灣人民的公民參與意識在近年就大幅增強了。

公民齊參與直接民意

二〇〇九年九月下旬台灣舉辦了首次博弈公投，否決了澎湖縣設觀光賭場的動議。以往，台北縣貢寮也曾舉辦過核四公投，但那時還沒有公投法制化，所以許多法規細節還來不及浮出檯面。趁現在這個機會，我們該將澎湖公投的制度意義與後續法律效果仔細檢視。依公民投票法第三十三條規定，一項公投如果這次沒通過，可以三年後捲土重來。從這裡開始我產生了以下一連串的疑問：

議案未通過可以三年後再來，但如果議案通過了，應該也可以三年後再公投。以開放賭場為例，如果公投通過可以開放賭場，將已經開始營運的賭場「停止營運」，顯然會使業者蒙受極大損失。假設只准未過的議案三年後重來，卻不准通過的議案三年後翻案，這顯然是不公平的、不對稱的。換句話說，公投要如何處理「此次過、下次不過」民意翻轉而造成的「私人」損失呢?法律沒給答案。

核四一旦動工到一定程度，大家都了解不該驟然停工，否則社會沉沒成本太大太高。但核四是公共設施，使用公務預算，它的思考邏輯恐怕與私營賭場有所不同。賭場如果營運三年後可能因新公投變向而停止運作，賭場老闆當然會有損失。這似乎表示：為了保障賭場的投資意願，一旦決定建賭場，那麼三年後不宜重新禁賭。

但反過來看，如果有人主張：「因為博弈公投未過，我才決定在澎湖置產定居；如果三年後公投又要建賭場，那我也有房屋脫手的損失」，這也言之成理啊！如果有千百戶居民如此思考因而置產，他們的置產投資總金額恐怕不比賭場業者少哦！準此，「禁賭改准賭」與「准賭改禁賭」都有沉沒成本，公投法制在設計上似乎不應偏袒一方。

核四是全國性的建設、全國人民的投資，而賭場是區域性建設、私人的投資。如果兩者皆可公投，究竟誰有投票權？台北市民難道沒有權利對「非賭家園」表示意見？雲林縣民難道不能對「核電或燃煤發電」表示意見？核四一旦有意外，絕不止貢寮鄉民遭殃，如果要公投，方圓百里之內的其他人民該不該有投票權？一般而言，行使公投投票權的界限在哪裡？該不該有地域遠近的區別性？

若涉補償金情勢複雜

一旦某項建設牽涉到補償金，那麼投票就更複雜了。如果我是澎湖人，我可不可以說：「補償我家五十萬以上，我就同意建賭場」？貢寮鄉民可不可以說：「補償我搬家八十萬以上，我就同意建核四」？假設人人的可否票背後都有個補償金的價碼，理想的投票該怎麼設計？目前公投法所說的可／否同意票，其實並不符合正確反映對價的「平等」性。此外，萬一甲、乙兩地都通過公投，但兩地過半門檻的補償金額不同，那要怎麼辦？公投制度的設計，有沒有可能解決這種併同補償金的問題？

民主國家人民最大，以公民投票解決民意問題，絕對是個正確的方向。但是前文所列諸點絕不是我個人的想像，而是反映公投背後所涵蓋的複雜面向。這包括中央／地方權責、回饋金額大小、民意可否翻轉、多久容許民意重新檢視、民意翻轉時沉沒投資的補償、各地方之間對某項建設的競逐等。

總之，代議有它的好處或成本，直接民主也有其好處與成本，兩者之間沒有絕對的誰好誰壞。代議民主的交易成本較低，但代議士往往當選之後自我膨脹或自牟利益，而扭曲了代議的本質。直接民主的交易成本較高，但公民參與較強。然而公民投票也有許多伴隨的問題有待解決。如何尋求一個理想的民主制度，恐怕需要更長期地摸索。

18 經濟學家看地方自治

人類文明進步表現在政治上的主要特徵，是由專制集權走向民主自由。民主自由的潮流現象之一，是政府的公權力由過去完全集中的情形，逐漸演變成為行政、立法、司法三權分立的型態。民主自由的另一個潮流現象，則是政府由過去的中央權力獨大，逐漸走向地方分權化，也就是所謂的地方自治。我國最近十餘年來最主要的成就，就是衝破威權、逐步落實選舉。但選舉只是民主的形式；選舉伴隨的民粹力量雖然能促成集權者釋出權力，逐漸促成權力分立的實現，但對於如何落實民主實質，將民主制度在縣、鄉、鎮、市的地方上落實，卻仍非一蹴可及。

除了若干中央權力下放地方的趨勢外，另一個更令人頭痛的問題，則是地方政府的範圍界定與權力歸屬。在台灣，許多人都會問：為什麼環狀台北縣之內圈了一個台北市？為什麼嘉義縣之中又有一個嘉義市？為什麼台北市政府所分得的資源大於台北縣？二〇〇八年三月馬英九先生的競選政見之一，就是要將台灣劃分為三都十五縣，其中三都就是要在台北、高雄兩個直轄市之外，再在中台灣設置一個台中直轄市。但三都十五縣當然只是紙上作業的劃分理想；在實際操作上，各地之間相互競逐，結果往往與理想差距甚遠，我們也會在本章中予以檢視。

中央地方各有所長

其實政府過去五十年在地方自治上所做的各項努力中，最重要的就是辦理地方選舉。可是地方選舉的完備並不能完全代表地方自治，其間主要關鍵，就是近年來各界所批評的「中央集錢集權」，意指中央政府並沒有完全給予地方政府經費與權力的自治空間，以致部分的地方性事務，仍然是由中央政府所主導。現在國人在談到中央與地方關係時，大多已經對這個現象有所了解，因此在中央應將錢與權下放地方的主張上，也有相當的共識，這對我國推行地方自治以及進一步落實民主政治，無疑具有正面的幫助。

一般社會大眾在評論政府部門的績效或表現時，往往很少刻意區分他所指的是中央政府，還是縣市政府，甚至鄉鎮公所。例如，計程車司機在坑坑洞洞的道路上行駛時，他可能會抱怨「政府」無能，怎麼會把道路保養到那麼差的狀況！但是，他心目中的無能政府究竟是指那一級政府，可能他自己也不知道，或者根本不在意。既然人民百姓不在意，為什麼我們還要把政府區分成中央與地方政府，而且地方政府中又要再區分為縣市政府與鄉鎮公所呢？其實，這種區分不僅只是發生在我國，世界上除了一些小國如新加坡或梵蒂崗等，其餘國家大多也有類似的區分。這表示我們的確需要在中央政府之外，另外設置若干地方政府。但為什麼我們需要設置地方政府呢？這個原因不能單純從政治面來解釋，更值得從經濟面來思考。

為何需要地方政府？

從經濟利益來看，我們需要地方政府，是因為某些公共服務由地方政府提供，應該比由中央政府提供更有效率。這表示前者的提供成本較後者為低，或是前者提供的內容更符合社會大眾的偏好。這類地方公共服務包括公園、路燈、道路交通、衛生下水道、消防、治安、環境衛生以及國民教育等等。上述這些公共服務都具有一個共通的特點，就是它的服務效益只限於一定的空間範圍內。例如，台北市的路燈不可能照亮到高雄市；台北市的大安森林公園對高雄市的環境綠化沒有助益；而台北市的消防車對高雄市發生的火災，更是「遠水救不了近火」。這一類限於一定空間範圍內的公共服務，正是狄卜（C. Tiebout）近五十年前所提「**地方公共財**」的概念。

上述這些公共服務由地方政府提供，之所以會比中央政府提供更具經濟利益，是因為地方政府更能貫徹受益付費的原則，而落實受益付費是達成公共服務經濟效益的最佳途徑。公園、路燈等公共服務，為什麼由地方政府提供比較能貫徹受益付費的精神，而由中央提供則不能貫徹此一精神呢？因為這些公共服務的受益對象，大多是轄區內的居民，所以他們儘可自行決定公共服務的內容、數量及品質，不必由毫無關係的其他轄區居民來干涉。某一地方居民如果對轄區內某類公共服務特別重視，例如治安和交通，那麼他們可以選擇減少公園或環境衛生的經費，來增加治安和交通的服務；或者他們也可以維持公園環境品質，但選擇繳納更多的地方稅，來增加治安和交通的服務。

無論選擇那一種方式，地方居民都必須為該地治安和交通服務上所得到的利益，付出代價。

只要這個代價對他們而言是值得的，他們做的就是好的選擇。而值得與不值得的關鍵，一方面決定於他們對維持治安與交通服務的偏愛程度，另一方面則決定於他們轄區所在的地方政府，是否能有效使用治安及交通服務上的經費。由於受益的地方居民也是付出代價的地方居民，為了能用最少的代價得到最大的利益，每個地方居民都會小心翼翼地監督他們轄區所在的地方政府，避免他們的地方政府變得無能。這就是地方公共服務由地方政府提供較能滿足受益付費精神的道理。

以腳投票選擇地方

換句話說，地方人民依照受益付費的原則決定地方事務，就好像我們每一個消費者依照受益付費的原則買自己喜歡的衣服一樣。反之，如果地方服務由中央政府提供，那麼中央政府不太可能為不同地區提供不同的公共服務，原因之一是中央政府基於全國一致的公平性起見，必須要對各個地方一視同仁；其次則是中央政府即使要想為不同地區提供不同服務，也必須先了解各個居民的偏好。但要了解各地居民的不同偏好，中央政府蒐集資訊的成本勢必較地方政府龐大。這就是為什麼各國的中央政府，通常都只提供統一規格的公共服務（例如國防、金融、外匯）的原因。如果由中央政府統一提供地方性的公共服務，這就好像市場上只有一種款式的衣服，消費者必須接受這件統一款式的制服，而且無論喜歡或不喜歡，都得平均負擔費用。這種做法顯然缺乏經濟效益。

地方公共事務由地方人民依照受益付費原則來決定，既符合經濟效率，也可以滿足不同地方居民的不同偏好。但是，任何地方轄區內的居民都不可能有一致的偏好，這表示地方公共服務仍然只能滿足該地方多數居民的偏好。至於其他少數不滿意該地方公共服務的居民，倒也並非全然沒有其他選擇餘地，因為每一個地方政府提供的公共服務內容既然各不相同，少數不滿意該地方公共服務的居民，就可以選擇「以腳投票」（voting by feet）的方式，搬遷到自己喜歡的其他地方。雖然搬遷是有成本的，但是對任何居民而言，有搬遷的機會總比沒有搬遷的機會要好。只要搬遷成本夠低，每一個人都會住到自己喜歡的地方。最後，「以腳投票」的結果是相同偏好的人傾向住在相同的轄區，不同偏好的人住在不同的轄區。每一個轄區內的居民偏好既然類似，自然也少有不滿意該地方公共服務的居民會住下來。所以狄卜說，**「以腳投票」提升了地方自治下公共服務多元化差異的價值**。

狄卜指出，人民用腳移民，就如同消費者用腳逛街一樣，而各個地方政府，則有如街上的商店。各地方希望推出不同的公共建設或服務，並課徵若干地方稅。對人民而言，這服務品質與課稅之間的關係，就像是店家商品品質與其售價之間的關係一樣。消費者會選擇物美價廉的商家購買物品，而人民則會挑選「稅低—服務好」的縣市居住。既然商家之間的競爭能提升效率，地方政府之間彼此競爭，狄卜認為也能提升效率。

地方自治並非獨立

前述的分析說明，我們需要中央及地方政府分別提供不同的公共服務，或者套用孫中山先生的說法，就是由這兩級政府分別提供「全國一致」和「因地制宜」的服務。如果以政府是人民的公僕來做比喻，這表示中央政府和地方政府是兩個不同的僕人，他們各有所司。在人民當家做主的民主政治下，中央和地方政府只是各自向所轄區域內的主人負責，他們彼此之間似乎不必有任何隸屬關係。但是為了避免這兩個僕人的工作相互重疊，或是彼此矛盾對立，當家做主的人民往往需要透過憲法，來區分中央和地方政府之間的權責。一般而言，地方政府的公共服務或所做所為，固然應該以當地人民的利益為依歸，但也不可以妨礙其他地方居民的利益或全國整體的利益，因此各國憲法對地方自治也不是全然沒有規範的。

舉例來說，水、石油或其他任何天然資源，都應不允許成為特定地方政府據以向全國居民榨取利益的工具，否則便有違背全國整體利益的嫌疑。我們很難想像翡翠水庫所在地的台北縣政府，如果為了增加縣庫財源，以增進地方建設，進而向水庫的消費者（台北市民）開徵用水稅；或者台北市堅拒與台北縣共享所擁有的翡翠水庫用水，最後很可能產生的全國混亂與衝突，將要如何收場。

因此，我國憲法允許中央政府訂定地方自治通則或地方自治法，規範地方自治的權限。另外我國憲法也規定中央政府可以訂定財政收支劃分法，規範地方課稅及其他財政收支權限。其他國家的憲法通常也會基於社會公平、經濟發展或特定政治目的，來規範地方自治的內容。換句話說，地方必須以對全國一致性事務的尊重為前提，研擬其自治事項。地方政府固然擁有自治權限，但也不能踰越應有的角色，而侵犯到中央政府的權限，反之亦然。至於中央與地方政府間的權限劃分，各國憲法的規範內容則往往因歷史背景、政治發展或社會需要而各有不同；有的較為「中央集權」，有的較為「地方分權」。但無論如何，完全的「中央集權」或「地方分權」顯然都是不健康的，而且是缺乏經濟效益的。

此外，因為各地方政府的自然、人文環境不一，其境內經濟活動的發達程度自然也有差別。

由於各種稅基大小都是與經濟活動的規模成比例，所以各個地方政府之間自然是貧富有別。對於那些窮的縣市，他們無論怎麼課稅，都很難獨立自足，所以必須仰賴中央政府的補助款挹注。但是中央政府也不能無中生有，其補助款必然是來自於全國的租稅收入。所以當中央以全國的稅收挹注貧困地方時，其實也就是在扮演某種劫富濟貧的角色。

各級政府要權卸責

從前述探討地方自治的一些概念，對照我國的現況，我們可以歸納出當前落實地方自治的若干困難，值得我們設法克服。長期以來，我國中央政府習慣於介入太多地方事務，同時也掌控了這些地方事務的經費，這就是所謂的「中央集錢集權」。中央集錢集權的主要方式，往往就是先把大宗的稅收一把抓，然後再利用施政計畫或計畫型補助款，來介入地方施政。如今要落實地方自治，打破中央集錢集權，那麼當中央把更多錢撥給地方時，這些地方業務自然也應該配合移撥給地方全權處理。如果只移撥錢而不移撥業務，那麼中央勢必會繼續介入地方事務，或者又繼續集權跟著集錢。如果只移撥業務卻不撥錢，則由於地方缺少執行經費，業務也必然無法順利推動。所以錢與權必須一起下放才對，也就是把原屬於地方公共服務的施政計畫和計畫型補助款的經費，併同相關業務一起交給地方，這才是打破中央集權集錢的正確做法。然而當今的難題卻是：撥錢容易、移業務困難；大家都以為砸錢便可了事，卻很少有人談政府業務的移轉。

另一方面，我國地方政府缺乏地方租稅的立法權，以致當地方新增加公共支出需求時，便無法透過增加地方稅收來滿足其支出需求，於是地方公共服務受益付費的機制完全不能發揮。

在地方租稅立法權受限下，解決地方財政支出需求增加的唯一途徑，便是轉而尋求中央政府的財政奧援，於是爭取地方補助經費或修改財政收支劃分法，以增加地方稅收分配比例，便成為地方政府增加財源的希望所寄。更何況，爭取中央補助或增加地方稅收分配比例，反而比地方政府自行增稅，更不必面對地方居民抗拒的壓力。久而久之，地方公共服務應以地方租稅做為財源的受益付費機制，也就被地方政府所忽視。未來推動地方自治，除了中央政府的錢與權應同時下放之外，賦予地方租稅立法權，更是提升地方政府施政績效的必要配套措施。

前述的兩項問題，至少都還是可以溝通、可以解決的。但是像各地方政府疆界的劃定，則有其歷史因素，其間如果有不合財政劃分學理之處，則就很難改變了。就學理而言，既然地方公共服務的受益範圍受到空間限制，那麼地方政府的轄區範圍，便應配合公共服務的受益空間來區劃。但目前台灣地區的縣市劃分，顯然未考慮這一原則。例如台北縣環抱台北市，由台北縣的最北端走到最南端所需要的時間，可能是由台北市最北端走到最南端的好幾倍。如果台北市圓形的區劃範圍是符合地方公共服務的受益空間，那麼台北縣環狀的區劃顯然就不恰當了。但如果今天要重劃縣市邊界，恐怕可能性相當小。馬總統政見所提的三都十五縣，背後就牽涉到這樣的議題。

國土重劃一場災難

二〇〇九年四月，立法院三讀通過了「地方制度法」的修正案，容許地方政府在符合若干條件的情況下，經議會通過，向內政部提出升格為直轄市的申請。縣市升格之議的原始動力，來自於馬總統「三都十五縣」的政見。由於南北二都早已成形，所以真正急於升格的就是台中縣市。於是，行政院遂向立法院提出修改地方制度法第七條之議，為台中縣市量身打造了一套「由下而上」的升格作業辦法，甚至在行政院網站新聞中都不避嫌地明指其期待適用的對象。但是主政者失算之處，即在於這一套量身打造的辦法不但適用台中縣市，也當然適用其他縣市。於是，在地方財政收支劃分法設計不公的情況下，為了爭取地方財源，全台灣大小縣市諸侯就蜂擁送案競逐，於是混亂不堪的零和賽局就此展開。

其次，如果注意力只著重在台中縣市，因胡志強市長民意支持高、台中縣市執政的色彩一致，如果大台中因升格而延選首長，外界會認為順理成章，似乎提出質疑。然而如今卻是全台各縣市均投入升格競逐，遂有各種紛雜歧異的情境產生。台北縣有縣長延選的問題、有欲使電火球（蘇貞昌）熄燈的質疑，也有台北縣市獨缺基隆市的批評，再有台南縣市獨特文化的賣點，又有南北藍綠是否平均的辯證，更有地理區域明顯衝突的流弊。然而當局只見中部一都之勢在必行，卻未能預見全台蜂起申請的政治複雜性，終於在群雄並起後，於眾多質疑聲中做出充滿妥協性的決定，以致譁眾卻不能得寵、委曲竟無法求全。

雖然行政院審議已經結束，但紛爭才剛剛開始。依目前的財政收支劃分法，各地方政府分食補助款是以直轄市四十三％、縣市政府三十九％、鄉鎮十二％、中央統籌六％的比率去切割。一旦全台產生五個直轄市，而新直轄市又自舊有縣市組合而成，則財劃法必然要大幅翻修。可以想見，既然藩鎮地盤已定，在本位主義之下各地必然會對未來財劃法的修正錙銖必較。屆時，所謂藍綠、南北、次等國民等分化言詞又必然再度出籠。照理說，升格規劃應該是先訂規則再審查個別案件，但現在的做法卻是先決定個案結果再研議分錢規則。本末倒置之下，將來的紛爭將難以收拾。

事前失算後果堪慮

前述升格之議的發動源自馬總統「三都十五縣」的構想，主要目的其實是為發揮都會的規模優勢、進而帶領各個區域的發展。但是升格爛戲發展至今，幾乎只見其弊、未見其利，而且未來的紛擾與傷害更是不可小覷。把一個國家重大的國土規劃議題折騰到今天這種糊裡糊塗的局面，恐怕是始料未及的。主政者決定國家政策，最重要的前提就是要判斷情勢、預見後果。從經濟學的角度來解釋，所謂後果，就是指社會上諸多勢力與運作的「均衡」。但是由此次縣市升格案來看，台灣主政者似乎還未能對經濟賽局的均衡有所掌握。

19 私人財產權的保障與限制

西方經濟史學者、一九九三年諾貝爾經濟學獎得主諾斯（Douglass C. North）教授，曾經與湯瑪斯（Robert P. Thomas）教授合著一本有名的經濟史書《西方世界的崛起》（*The Rise of the Western World: A New Economic History*）。這本書主要在檢視歐洲自西元十世紀開始，如何從一個相對落後的社會，逐漸在十八世紀以後發展為帶動世界文明的社會。這兩位作者的主要論點是認為，一個有效率的私人財產權保障制度，足以激發社會大眾創新和生產的動機，同時降低人們利用特權謀利、強取豪奪與橫征暴斂的誘因，並因此得以帶動社會繁榮與進步。他們認為中世紀以後，西方文明之所以逐漸興盛的原因，其實和當時的社會逐步建立有效率的私人財產權保障制度，存有密切關係。

財產權的意義為何

諾斯和湯瑪斯的觀點，固然是從西方社會過去的經濟發展經驗得出。不過，將這個結論驗證在今天的社會，其實也同樣適用。試看目前世界各國，凡是經濟繁榮進步的社會，莫不具有完備的私人財產權保障制度。至於經濟落後的社會，私人財產權的保障程度通常也相對不足。所以，我們如果要關心一個社會的經濟進步情況，也不妨觀察這個社會的私人財產權保障制度。不過在探討這個問題之前，我們先探討有關財產權的一些基本概念。

人類對於具有價值的資產或經濟資源，往往會產生單獨擁有的慾望，似乎是一種與生俱來的天性。這種「想要單獨擁有」的天性，一方面是指自己想要享受，另一方面則是排斥或禁止他人享受。於是適當定義財產權的屬性並據以充分執行，有助於促成每個人的自我實現，也往往成為文明社會普遍存在的制度。

一般來說，財產依持有人的身分不同，可以分為三種型態：第一種是政府持有，我們稱這種財產為公有財產；其次為特定或不特定群體同時擁有使用權的財產，我們稱之為共同財產，例如可供眾人捕魚的漁場；第三種型態則是私人擁有的私有財產。

無論前述財產持有人的身分如何，一個完整的財產權定義，都應該包括三項屬性，也就是**財產的「使用權」**、**「收益權」**與**「處分權」**三項。財產所有權人在這三項財產屬性上受到的法律限制越少，表示他的財產權受到社會保障的程度越高。不過，前述諾斯與湯瑪斯所討論的財產權保障制度，則是指「私人」的財產權。

私人財產權的保障

我們相信今天的社會，幾乎每一個人都已經將私人財產權的存在視為當然。但是，在私人財產權的保障程度上，各國的標準卻未必相同。以我國為例，值得我們參考的一個重要標準是司法院大法官釋字第四〇〇號的部分解釋文：「憲法第15條關於人民財產權應予保障之規定，旨在確保個人依財產之存續狀態行使其自由使用收益及處分之權能，並免於遭受公權力或第三人之侵害，俾能實現個人自由發展人格及維護尊嚴。」上面這段文字一方面指明，保障私人財產權的內涵應包括保障財產所有人對該財產的使用權、收益權與處分權三部分；同時也強調保障私人財產權是保障基本人權的一部分。

上述大法官解釋文將保障私人財產權視為保障基本人權的一部分，應該合乎現代人權理念的觀點。只是私人財產經過長期累積，卻足以帶來社會財產分配不公平的問題，而社會分配不公平又被認為是不利於低所得者的基本人權。於是，為了在保障私人財產權與基本人權之間取得平衡，各國在建立私人財產權保障制度上，乃不免有所限制。所謂限制，通常不是取消社會對私人財產權的承認與保障，而是思考如何建立一個有效的所得重分配制度，讓私人財產不至於過度累積在少數人手中，以至於對低所得者產生不利影響。

不過前述第四〇〇號解釋文另外提到：「如因公用或其他公益目的之必要，國家機關雖得依法徵收人民之財產，但應給予相當之補償，方符憲法保障財產權之意旨。」換句話說，第四〇〇號解釋文固然強調人民的財產權應受到保障，但是它的保障也是受限制的，至少私人財產使用權受到保障的程度，未必足以對抗政府為公用目的而進行的徵收行為。前述第四〇〇號解釋文所指的政府徵收，其實是指政府對土地進行的徵收。一般而言，政府為公用目的而徵收私人土地，即使是在私人財產權受到極端保護的資本主義社會，也是法律所允許的普遍現象。除了土地徵收外，政府向人民課稅，也是強制徵收人民財產的一種型態。我國憲法規定，人民有依法納稅的義務，世界其他國家也幾乎無一例外。所以，在現實社會裡任何國家機關對私人財產使用權的保障，其實都是無法做到「完全」保障，而必然有所限制。由於每個社會對私人財產權的限制往往不盡相同，所以它也構成了每個社會在保障私人財產權上的差異所在。

財產使用權的限制

要如何觀察一個社會對於私人財產權的限制呢？我們分別從前述構成財產權的三項屬性來探討。就財產使用權的限制來說，常見的情況就是土地使用權受到限制。前面提到幾乎所有國家的政府都被賦予權力，可以為了公用目的而徵收私人土地。但同時這些國家通常也會基於保障私人財產權的目的，建立徵收補償制度，俾對被徵收的土地所有權人給予一定補償。透過徵收補償途徑，可以使土地所有權人的實質損失得到彌補，因而消除私人財產權所受的不利影響。不過，土地所有權人的財產權是否因此得到充分保障的關鍵，應該在該徵收補償制度是否能確保當事人在土地被徵收過程中，得到「充分」的補償，使他的福祉沒有因此而降低。這個問題並不容易解決，因為土地所有權人對他所持有的土地，可能有特定的偏好（例如祖先遺緒的象徵意義），是其他土地所不能取代的。因此，我們很難評價土地所有權人的這類主觀偏好，並給予對等的價格補償。實務上，土地的價格是由專業估價機構依市場行情估計。所以，土地徵收補償是否充分，往往也是以補償價格是否與該土地的市場行情相符來判斷。換句話說，如何讓專業的土地估價機構，提供符合市場行情的地價資訊，做為土地徵收補償依據，是土地徵收過程中私人財產權是否得到保障的重要課題。

以台灣為例，長期以來政府對私人土地的徵收補償價格，都是依據土地公告現值為標準，或是按照土地公告現值另外再給予不同比例加成作標準。但是，土地公告現值是地方政府基於課徵土地增值稅目的而每年評估公告。在實務上，為了避免納稅人因負擔超額稅負而出現爭執，所以地方政府評估的土地公告現值往往會傾向低於市場價格。於是土地一旦被政府徵收時，反而是以低於市場價格的土地公告現值做為徵收補償依據，自然造成被徵收的土地所有權人無法得到充分補償，因此難免發生土地所有權人集體抗爭的現象。政府為了避免抗爭，有些土地徵收又會按公告現值另外加計若干成數予以補償。只是依公告現值加成補償的做法始終沒有明確且一致的標準，反而因此導致部分土地所有權人在土地徵收過程中，以抗拒為手段，企圖藉此爭取較高的補償加成標準，因而使得土地徵收協商過程，往往費時經年而不可得。

這個問題的癥結正如前述，是政府沒有建立一個專業的土地估價機構或制度，提供具有公信力的土地估價資訊，來取代現行以課稅為目的的土地公告現值，做為土地徵收補償依據。當然，即使有一個專業且具公信力的土地估價機構或制度，它所提出的土地估價結果，也未必表示會被土地所有權人所接受。因此很多先進國家為了解決土地徵收補償是否充分的爭端，也會另外建立一個客觀的仲裁制度，做為解決雙方爭議的最終途徑。這些做法在保障被徵收土地所有權人的財產權上，都有值得借鏡之處。因此，與許多進步國家相較，台灣的土地徵收補償制度在保障私人財產權上，其實還有很大的改善空間。

當然，土地使用權受到限制的情況，還不止土地徵收一項。另一種普遍存在情況，則是政府基於都市計劃或國土規劃需要，限制私人土地的使用強度（建蔽率與容積率等）、使用目的（商業、住宅或農業使用等）以及開發權利等。這些限制措施也可能造成土地所有權人的財產權受到損害，但有時也可能帶來獲益。因此，如何建立一個公開透明，又考慮到充分補償機制的都市計劃或國土規劃制度，也是一個現代化國家在保障私人財產權上，必須面對的問題。本文限於篇幅不再贅述。

財產收益權的限制

房租管制政策一向是經濟學教科書中最常採用的例子，用來說明政府對市場交易的不當介入。這個政策措施也是政府限制私人財產收益權最典型的例子。過去不少西方國家的一些高度都市化城市，都曾經因為房租過高而採取過設定房租上限的管制政策。這項政策一方面足以「懲罰」富有又多屋的房東，使他們無法透過坐收高額房租而不斷累積財富，另一方面更可直接照顧買不起房子的低收入者，使他們不致負擔「超過能力」的房租支出，以至於造成貧者越貧。所以，房租管制政策乍看之下確實立意良善。不過，房租管制政策也限制了房屋所有權人的財產收益權，所以這項政策對私人財產權的保障顯然是不利的。然而，實施房租管制政策的地方政府，通常不會對房東的財產權損害給予任何補償。因為它的政策目的，就是要懲罰有錢人利用購屋置產而坐收租金，同時又炒高房價，使低收入者在都市地區更無立錐之地。

有趣的是很多實證資料顯示，房租管制政策在懲罰房東將多餘房屋用於出租用途上的確有效。只是長期下來，必然造成可供出租房屋的數量減少，以及在低房租下的出租房屋品質低落。所以長期實施房租管制政策的結果，不僅房東的財產權受損，也造成低收入者因為找不到出租房屋而同樣受害。這個例子印證了限制私人財產收益權，未必有利於整體社會經濟福祉的事實。

財產處分權的限制

最後，讓我們再來檢視經濟社會中常見的限制財產處分權問題。財產處分權是指財產所有權人可以根據他自由意志所決定的價格，出售財產給任何他願意交易的對象。對上述財產處分權加以限制的實例很多，外匯短缺國家經常會採取的外匯管制政策便是很好的例子。採取外匯管制措施的國家會限制出口商，必須將出售商品獲得的外匯收入，依官方決定的匯率，向指定金融機構換取本國貨幣。外匯管制措施限制了出口商的外匯交易對象與交換匯率，所以可視為限制了出口商的財產（即外匯）處分權。其次，一個常見的限制財產處分權例子，是許多國家的金融主管機關會對衍生性金融商品採取的銷售限制。某些衍生性金融商品，例如結構債，它的內涵出自於一再包裝過的不同債券組合。但在層層轉手又與其他金融商品混合再包裝後，商品內容已經複雜到一般投資人難以精確計算它的投資風險。因此，主管機關為了避免一般投資人因為缺乏足夠資訊而做成錯誤投資，通常會限制結構債這類衍生性金融商品，只能銷售給法人投資機構，而不得銷售給一般自然人。因為法人投資機構通常比自然人擁有更多專業知識與資訊，能適當評估投資風險。政府這種限制衍生性金融商品的銷售對象，其實也是對財產處分權的一種限制。不過，這種限制可以避免資訊不對稱下產生的無效率交易。因此，它反而有利於社會經濟福祉的提升。

另外一種常見的限制財產處分權型態，是政府限制商品價格的限價措施。不過，並不是每一種商品的限價措施都屬於限制財產權或限制財產處分權性質。政府對於具有獨佔性的商品售價，例如水價、電價等，採取限制價格的管制政策，基本上是為了避免生產者利用獨佔優勢提高售價，進而追求獨佔暴利。這類價格管制如果只是限制獨佔者追求獨佔利益，並不至於有限制財產處分權的爭議。不過，如果政府採取低於生產成本的限價措施，或者對競爭性市場上的商品採取限價措施，就可能有限制財產處分權的問題。例如，當全球出現石油短缺及價格上升危機時，政府為了避免汽油價格因生產成本增加而上升，並因此導致通貨膨脹，於是對汽油製造商採取低於生產成本的限價措施。這項措施足以造成汽油製造商的虧損，所以，汽油製造商的財產處分權顯然沒有獲得充分保障。

當然，政府採取限價措施的目的，是為了防止通貨膨脹帶來社會不安。不過，與前述房租管制政策所產生的問題類似，限價措施也對社會經濟產生不利的影響。

從長期來看，限價措施必然導致汽油製造商，因不堪虧損而被迫減產或停產。在供給減少且價格又受限下，最後不是有行無市，就是黑市橫行。當然如果政府為了避免限價措施，損害汽油製造商的財產處分權，進而導致汽油供給減少，也可以對汽油製造商採取補貼政策，以彌補銷售虧損並保障其財產權。換句話說，採取限價措施再配合補貼政策，就不會使汽油供給短缺。可是一旦如此，那麼油價低於生產成本又在供給不虞短缺下，必然形成社會過度耗用汽油的資源浪費問題。無論如何，採取低於生產成本的限價措施，很難同時兼顧私人財產權保障，以及經濟發展與社會福祉。

公民社會要多溝通

在現代化社會裡，政府為了保障私人財產權所需建立的制度，其實相當複雜。本文以上的討論，僅介紹財產權個別屬性受到不同保障程度時，對社會經濟產生的影響。在現實世界裡，建立私人財產權的保障制度，還涉及其他更複雜的問題，包括本書〈法律經濟〉篇中所提到的類似侵權事件如何規範？智慧財產權要如何定義與保護？以及要有多久的保護期限？此外，還有環境汙染排放也可以轉變為財產權，此時又要如何保障或限制它的權利？這類財產權保障所涉及的制度，無一不是艱鉅的社會工程，千頭萬緒又要如何著手呢？

其實，任何一個社會制度的建立，都必須先從建立社會大眾的觀念著手。而且，社會上具有相同觀念的人越多，因而衍生的社會制度才可能越完備。所以，要建立一個完備的保障私人財產權制度，也必須從培養社會大眾懂得尊重私人財產權的觀念著手。以下簡單介紹某國外兒童教學組織（Sesame Street）提供給父母參考的一篇短文做為結束：

有一位年輕的母親，養育了八個孩子。她發覺每次買給孩子的玩具，如果沒有指定是給哪個孩子，最後一定造成孩子們的爭吵，因為每個孩子都認為他（她）有完全享用玩具的權利。於是這位母親決定採取兩個與財產權有關的處理原則。第一，任何帶回家給孩子的玩具，一定會指明是屬於哪個孩子所有；第二，擁有玩具所有權的孩子有權利決定他（她）的玩具要如何處置，而且沒有義務要與他人分享。

這兩個原則不但解決了孩子們為爭奪玩具而發生的爭吵，而且還有其他好處。首先，孩子們反而開始懂得將自己的玩具與他人分享，因為在「財產權」受保障下，他可以「放心」把自己的玩具借給其他玩伴，而不怕要不回來。其次，**懂得分享讓孩子領悟到為人慷慨的樂趣，因此更重視做人的自尊**。最後，孩子學習到在使用他人玩具之前，必須先得到物主允許的好習慣，而且對於別人的慷慨允許，也更懂得感謝。

讀者或許沒有想過：**自私是自尊的開端、而私有更是珍惜的源頭。**社會稱讚的「美德」，有許多都是展現在人／我分際與互動之中。**私有財產，其實只是人我分際的實例之一而已。**

20 證照管制的經濟分析

在我們周遭，有許多職業都有執業「執照」：計程車司機有「職業駕照」；公私立大學教授有「教授證書」；醫師、律師分別有「醫師證書」與「律師證書」；會計師也有會計師執照。此外，有許多職業則沒有執照，任何人都可以選擇任職，諸如廚師、水泥師傅、公司會計員、空服員、堪輿風水師等皆屬此類。更有一些職業，雖然沒有執照的形式，但依法卻有實質的資格限制；例如中、小學校長，依教育人員任用條例的規定，必須要從師範院校畢業、曾任中小學主任職務以上若干年，才能參與中、小學校長的遴選。如果不符合這些消極條件，則連被遴選的資格都沒有。至於各大學，則須擔任教授及教育行政職務若干年以上的資歷，才符合當大學校長的消極資格。不知道讀者有沒有想過，為什麼國家對於某些職業訂定了資格條件的限制，但其他的職業卻沒有這些限制？

我們舉個極端的例子來凸顯問題之所在。醫師法第二十八條規定，任何人沒有醫師執照是不准應診看病的。假設某甲要請某乙「隔空抓藥」為其治病，即便某乙沒有醫師執照，但只要甲乙雙方一個願打一個願挨，也沒有妨礙到其他的人，為什麼需要政府去管？又如果某丙想找某丁幫他去法庭辯護，雖然某丁沒有律師執照，但只要丙丁雙方都自願，沒有侵犯別人的權益，為什麼國家要禁止丁代丙辯護呢？

證照管制的幾種類型

不論是醫師證書或各級學校校長、教師的資格限制，都是證照管制的一種。嚴格說來，證照管制概分為以下三種類型：

第一是**登記制**（registration），表示想從事某種職業者，只需通過一些基本檢測，並至政府登記即可。登記的目的，是為了一旦產生危害，登記資料方便將來可能需要的追蹤管理。計程車司機的職業駕駛職照，就屬這類。考一張職業駕照一點都不難，全台灣可能有數十萬人擁有大小客貨車的職業駕照。登記職業駕駛人的基本資料，只是為了管理而已。

第二類是**公證制**（certification），表示管制單位通過較嚴格的資格檢測，給予合格者某一頭銜，例如公證會計師（certified public accountant）。相對於職業駕駛執照，要取得會計師執業資格可就難多了；每年台灣有幾千人應考，但通過錄取的卻只佔極少部分。然而，政府雖然一方面檢定頒發會計師執照，同時卻並不排除其他「未獲公證」的會計人員從事會計業務。因此，社會上同時存在兩類會計人員，一類是有會計師證書的會計師，另一類則是公司、行號中的會計從業人員。這兩類會計人員身上掛著不同的品質標籤，而由需要會計服務的人去決定該找哪一類會計人員來協助。市場則會決定這兩類會計人員之間的相對報酬，通常當然是公證會計師報酬較高，普通會計人員報酬較低。

第三類證照管制則是**執照制**（licensure），表示政府透過嚴格的資格檢測，給予合格者證書，並同時「不准」其餘任何無證書者執行該職務；醫師、律師、教師皆屬此類。任何職業如果有第三類證照管制，往往都附帶著處罰。一旦有人未獲執照卻私下從事該項業務，通常都會受到大刑伺候。例如，醫師法第二十八條規定，未取得資格而擅自執行醫療業務者，處一年以上三年下有期徒刑。無照的律師或教師，也可以依循律師法四十八條、私立學校法四十五條加以刑事處分。

職業執照的傳訊目的

很顯然的，前述三種管制一層嚴過一層：登記制的管制最鬆，其次是公證制，最緊的則為執照管制。讀者自然會問：為什麼某些職業的管制鬆，甚至不予管制，但其他職業的管制卻很緊呢？要回答這個問題，還真不容易，得從職業證照的意義談起。

假設長仔剛從東部遷居台北一週，他的小孩就生病了。長仔想帶子女去看醫生，由於不熟悉台北的情況，總是想多打聽以免誤事。如果這個社會沒有公權力認定的醫師執照，則每家診所的看診者都會說自己是「華佗再世」。長仔即使費力打聽，除非被詢問者恰巧曾經被那位醫師修理過，否則打聽也是無濟於事。如果醫療技術有一些專業客觀的判準，而政府能夠用考試或其他方式檢測出一個人是否具備醫療專業，那麼政府就能在考試篩選之後，鑑別出受評者的專業水準，進而發給鑑別合格者一張「醫師執照」。對病患或病患家長或家屬而言，這張執照表示官方已經驗證了其專業的最低門檻，相信他的醫術「不致太離譜」。因此，當長仔為小孩找醫生時，只要該診所門口掛著一張合格的醫師執照，大概就可以讓長仔放心就診，不必繞著台北市的診所逐一打聽了。

由以上的例子可知，實施執業醫師證照的目的，是為了節省病患的搜尋成本（search cost）。如果沒有具公信力的醫師執照，那麼病患求診之前，就必須蒐集各個自稱醫術超群者的相關資訊。對於將接受重大風險手術的人而言，多打聽也許是應該的。但對於急性病的病患而言，這種資訊搜尋的成本就非常高了。一旦政府能提供執照考試，並發給合格者證書，那麼前述搜尋成本就能大幅減低。通過檢定的醫師，就能將合格證書掛出來，以告訴病患：「我是合格的」。因此職業執照發揮了某種傳訊（signaling）的作用，將醫師是否符合門檻標準的訊息傳遞出去。值得注意的是，職業執照通常不再細分等級，它所傳遞的是某種「最低門檻」的訊息。至於合格醫師之間醫術誰好誰壞、誰大牌誰小牌，就仍然要靠醫療市場去決定。

由前述分析，我們已經了解職業執照能發揮傳訊的功能，節省人們的搜尋成本。既然如此，何不對所有職業都做證照管制呢？這樣不是可以大幅降低所有的搜尋成本嗎？我們必須提醒自己：中華民國是個民主國家，「人民最大」，他們的擇業自由理應受到尊重，不能因為某人祖籍「蒙古」，就不准他當大夫。事實上，我國憲法二十三條寫得很清楚：人民的種種基本自由，除了為防止妨礙他人自由、避免緊急危難、維持社會秩序、增進公共利益「所必要」者外，不應該受到限制。因此，除非以證照限制人民擇業真的能節省許多的搜尋成本，而且人民也以立法的方式表示贊同它的必要，否則就不應該濫行證照管制。

我們也可以換一個角度來問問題：為什麼各國對醫師都有執照管制，但幾乎沒有國家對水泥師傅做執照管制呢？醫師與水泥師傅，到底有什麼不同？這就與另外一種社會成本的觀念有關了。

工匠醫師的本質區別

如果政府對醫師與水泥匠完全不做證照管制，任憑人們依他們的意願選擇職業，就如前所述，社會上也許會有許多的醫師與水泥師傅，他們的水準參差不齊，一則消費者的搜尋成本頗高，二則交易雙方的紛爭必然很多。但有紛爭也沒什麼大不了的；社會上紛爭十之八九都可以靠仲裁或訴訟的方式解決。一般而言，當政府訂下了越嚴的證照規範，對人民擇業自由的限制就越大。依前文的析論，這是要付出社會成本的。另一方面，當政府訂定的證照規範越鬆，對人民擇業自由的尊重就越充分，但是因為從業人員參差不齊，從而引起的紛爭也就越多；這是另一種社會成本。政府對於某一種行業是否要採取照證管制，其中拿捏就取決這兩種社會成本之間的取捨。

先以水泥匠為例。水泥匠為人修屋，可能在事後有牆塌毀財的紛爭，但是世界各先進國家鮮聞有政府管制水泥匠執照之事。為什麼呢？如果一旦發生牆塌事件，這件事的責任歸屬顯然非常明確、損害範圍非常容易界定、傷害對象也不至於太大太重、對傷害彌補也不太困難，因此我們希望以一般訴訟或仲裁等事後的補救方式去處理。為了保障人民的擇業自由，我們犯不著為了處理這一類小紛爭而大動干戈，在事前進行「水泥匠執照」管制。

再來看看醫師的例子。一旦醫師看病產生紛爭，它的危害很可能是斷腿、瞎眼、手術刀忘放在腹腔內、拔牙忘了打麻藥等等，弄不好甚至病患死亡，它的傷害性非常大，而且往往是難以彌補的。更嚴重的是，醫療責任的鑑定有時非常困難。即使庸醫把病人醫死了，也很難在「醫師過失致死」與「若非醫師技精，他死的更快」兩種極端說法之中判定何者屬實。所以，如果任憑醫病之間的自願交易，所可能產生的事後紛爭成本可能極大；為了避免這樣巨大的事後成本，於是有必要事前對醫師執業的資格做些規範。總之，我們希望對事後紛爭傷害太大、責任鑑定困難、回復原狀不易的職業（諸如醫師、建築師、律師等），多做些執業資格的事前規範。但是對諸如美髮師、廚師、水泥師傅等紛爭傷害小、責任歸屬容易、回復原狀不難的職業，則少訂些事前證照規範，以保障人民的擇業自由。

證照管制未必由政府做

即便社會大眾同意以事前證照管制的方式訂定某些職業的執照門檻，但是這項管制要由誰來執行，卻仍是一個未解的問題。以美國醫師、律師為例，大部分的美國人也許確實認為「行醫」不當所形成的可能傷害極大、責任鑑定不易、事後彌補不便，於是希望以事前證照管制的方法，將人民行醫的自由權予以約束，而只有通過醫師證照檢定的，方得行醫開業。然而美國醫師與律師執照的考試、核證、道德約束，都是由醫師公會與律師公會這樣的民間組織來執行，國家並未以公權力積極介入。醫師公會可以訂下考試科目、錄取名額、自律準則、吊照規範等公約，其中卻不必然有政府插手。

這裡要傳遞的訊息是：管制是對人民自由的限制，這種限制往往是以「結合全體的共同意願，約束個體行為」這種集體公約的方式出現。集體公約的目的是要傳遞出某一種「門檻品質」的訊息，使社會大眾節省（看病、找律師）的搜尋成本。

這種集體公約不必然涉及公權力。在台灣，似乎也沒有任何證據顯示，由國家公權力主導的集體公約或證照管制，其成效一定比由民間團體主導來得好。至少台灣以往浮濫至極的檢覈會計師、律師，就是由國家所一手主導。這些檢覈似乎只是為了方便特定團體的人由後門擠進該職業群，完全比不上其他國家專業自律團體的效率。台灣在數年之前，仍然有若干會計師胡亂將個人的執照租給其他人，使得證券市場的會計師簽證欠缺公信力，危害交易安全甚鉅。總之，即使有以集體公約限制個人自由的必要，卻未必得由國家介入。

證照檢定難求鑑別力嗎？

另外一點值得提醒的，則是證照門檻檢測的鑑別力。既然證照檢定的目的是要鑑別出某人是否達到執業的最低門檻，因此其所使用的檢定方法，就應該要發揮鑑別的功能，千萬不可以「考照是一回事、能力是另一回事」。台灣的駕照考試大概就是個好例子：有許多人考駕照都是駕訓班補出來的，路邊停車「方向盤向右一圈半、右鏡看到側柱時，左旋半圈，看到肩膀與左柱切齊時，再左旋一圈」。依此公式背熟，很多人都可以考到駕照，但是卻完全不敢上街開車。即使上了街，恐怕也是馬路上的「恐怖分子」；停車時拚命左一圈右一圈的亂轉方向盤，車子卻說什麼也停不進格子。

再以教師為例，依據師資培育法，任何人如果要當中小學老師，必須要從師範院校畢業，或在各大學修畢教育學程，並通過實習檢定，才能任職老師。問題是，除了專業知識之外，「好老師」應有的基本條件是什麼？前述學習與實習的過程是否能檢定出合格的老師？如果我們希望中小學老師，至少應該有「保護學童、循循善誘的愛心與耐心」，那麼師範院校或教育學程，是否真的能夠培育出具有愛心與耐心的教師？

再看一個例子：司法官的任務應該是要辨明是非、公正裁決。依法，只有通過司法官或律師考試的，才夠資格出任司法官。但問題是，司法官考試或許能夠測驗出受試人對法律知識的嫻熟度，卻很難測知某人在特定領域（例如財務金融）是否有辨明是非的能力。因此，在財金業務日益複雜、衍生性金融商品種類繁多的社會，是否適合以單一的司法官考試，去訂定專業領域（如金融）司法人員的執業資格，其實是頗值得斟酌的。

證照檢定的檢查項目

即便某個行業符合了前述所有的檢測判準，必須要對該行業的執業資格有所限制，而且必須由政府出面管制，我們還是不能百分之百放心。經濟學諾貝爾獎得主史蒂格勒（G. Stigler）提醒我們：管制者本身也是自私的人。當我們限縮自己的擇業自由，將執業管制權拱手送給這些管制者時，除了要提醒這些國家管制者「他們的任務是為了提升我們的福祉」之外，更要提出以下幾個問題：

一、管制者夠不夠資格？執行執照管制檢定設計的人，是否了解證照檢定的意義？是否了解證照檢定的目的？

二、我們是否給管制者足夠的誘因？證照管制者往往是公務人員；他們有沒有動機替社會設計良好的專業訊息檢定。設計得好他們有什麼回饋？設計不好他們會面臨什麼懲罰？

三、對管制者的表現是否有第三者評估？萬一證照管制不合理，有沒有第三者能客觀地發現？受委曲的人有沒有尋求制度彌補的機會？

四、體制內是否容許挑戰與批評管制現況的管道？如果師資培育管道太狹窄，我們的社會能不能容許「森林小學」的衝撞？能不能在某種條件下容許存在少數「沒有教師資格」的好老師？

如果上述問題都審慎評估過，那麼我們才能比較安心的將自己擇業的自由與權利交給政府代管。

第六篇

經濟觀念的延伸

21 生命、煩惱與愛情

根據媒體報導，英國某個大學的一群研究小組，曾經針對當地九千個家庭進行十年的研究調查，要求受訪者就「多少錢才可以買到幸福」的問題提出答案。該小組最後得出結論，認為至少要有一百萬英鎊（約新台幣五千萬元），才能使人感到「幸福」。澳洲Monash大學的Y.K. Ng教授也曾經撰文指出，某項調查先詢問受訪者受訪當時的所得與若干年前的所得，再問他們是受訪時較為快樂抑或若干年前較為快樂。結果很有趣：雖然這兩個時點之間許多人所得大增，但他們的快樂程度卻沒有增加。「幸福」或「快樂」真的可以用金錢買到嗎？如健康、愛情或自由之類與幸福有關的指標，它們的價值又如何呢？它們與金錢的關係又是什麼呢？經濟學者總是不甘寂寞，也想對這類看似玄妙的問題提出解答。

愛情與自由，無法評定價值？

其實，人們是否會感覺到幸福或不幸福，和他的願望能不能實現有關。如果一個人已經沒有任何未實現的願望，或是像有道高僧那樣，已然體會「諸法無常」的道理，那麼此時他應該是完全滿足的，所以也是「幸福快樂」的。反之，越多的願望未能實現，煩惱必然越多，哪來的幸福？我們要問的是：金錢能不能幫助人們實現願望？如果可以，那麼有錢的人是不是一定比較幸福？

針對上述問題，我們常聽到一種通俗的說法：金錢可以買到物質層面的有形願望，例如麵包、房子和汽車等等，卻買不到屬於精神層次的無形願望，例如生命、愛情或自由；因為麵包是有價的，愛情卻是無價的。如果上述說法正確，那麼金錢便只能夠給人帶來局部的幸福，也就是滿足了物質上或有形的慾望，但不能給人帶來完整的幸福。

不過，即便「金錢未必能帶給人們幸福」的結論是正確的，上述這種通俗的看法，卻未必經得起事實檢驗。生命、愛情或自由是無價的說法，應該是指沒有人在市場上買賣生命或自由，因此它們的價格是不存在的。但不存在的價格是不是就等於無窮大的價格，其實是有待釐清的。如果生命的價格是無窮大的，就表示不管我們付出多大的代價或金錢，都無法換得生命的延長。這種論述恐怕是有問題的。以下我們就舉一個例子來說明，生命其實可以說是「有價」的，只是一般人不察覺而已。

工資結構，透露生命價值

根據國內某個航空公司最近招考空服人員和地勤人員的資格條件和待遇資料，我們可以發現一個事實，那就是空服員和地勤員所需具備的資格條件大致類似（姑且假定兩者所需條件相同），但試用開始及正式任用的待遇，空服員卻比地勤員每月高出一萬一千五百元至二萬元。為什麼會有這樣的差別待遇呢？也許有人說，因為空服員工作比較辛苦，所以待遇比較高。但事實上我們的直覺是：兩者之間有如此的待遇差別，多少是因為空服員的工作比地勤員危險。如果兩者的辛苦程度相同，待遇也相同，恐怕沒有多少人會願意選擇空服員而不選擇地勤員。換句話說，因為空服員面對的危險性較高，所以待遇必須高於地勤員，才能誘使人們自願投入空勤服務行列。我們不知道這個職業的危險性給空服員帶來的薪水加給是多少，也不知道空服員的職業危險性較地勤員高多少，不過，我們不妨做一些簡單的假設，便可以藉此來推估生命到底值多少錢？

前述新進空服員的待遇超過地勤人員每月約一萬一千五百元至二萬元中，假設其中有五千元是來自於職業的危險加給（空軍稱為飛安加給），而這項危險是指空服員因為飛機可能失事或其他往返奔波招致的危險，導致每年死亡率平均比地勤員高〇・一%（也就是說一名空服員平均較地勤員，每年多千分之一的機會碰上必然死亡的事故）。那麼，空服員比地勤員多了每年六萬元（每月五千元）的危險加給，所換取的正是這每年多〇・一%的死亡機率。我們似乎可以這麼說：空服員好像在「出賣自己的生命」；而每年增加〇・一%死亡機率的「價格」，則是六萬元。

如果死亡機率與願付價格之間，大致是一個固定比例的關係，那麼再進一步換算，每年增加百分之百死亡機率的價值，便是六千萬元（六萬元乘以一千）。如果我們問一位新進空服員，她願意花多少代價，換回自己的生命，答案很可能是：她願意花費無窮的代價，來換取自己的生命。但事實上，她選擇空服員工作，背後卻顯示出她是以每年〇・一%死亡機率的增加，來換取每年六萬元的收入增加。這樣的選擇結果透露出生命是有價的訊息。

風險價格，有其對應關係

芝加哥大學羅森（S. Rosen）教授指出，許多商品的價格都反應了該商品所附隨危險的補貼或折扣。危險職業的薪水較高，是因為薪水中內含職業風險的補貼；在地震斷層上的房子較便宜，是因為房價中也有地震風險的折扣；泛濫河川鄰近的地價不高，表示地價裡隱藏了淹水的潛在風險。這種風險特徵與商品價格之間的關係，羅森稱之為**特徵定價**，而工資與工作風險間的關係，只是特徵定價中一項特例而已。

其實，不僅空服員的生命是有價的，我們每個人的日常行為，往往都顯示自己的生命是有價的。我們在日常生活中，經常會為了滿足個人的偏好、願望或是一時之快，而去做一些可能對生命有危險的事，例如：開快車、參加高空彈跳、攀登喜馬拉雅山，或是爬樹採果子。這些行為的選擇，多多少少都存在著對生命的威脅。如果生命果然是價值無限，那麼又何必干冒風險，嘗試這些可能傷害生命的活動呢？非但生命是有價值的，自由恐怕也是如此，否則就不會有那麼多人，在衣食無缺的情況下，要干犯牢獄之災去作奸犯科了。此外，有人花數十萬元買顆鑽戒給女朋友，以證明自己「終身不渝」的愛情，這至少表示愛情對此人而言，是「超過數十萬」代價的。事實上，當我們說：「生命誠可貴，愛情價更高，若為自由故，兩者皆可拋」時，其實也表示「愛情的價值是大於生命的」、「自由的價值是大於生命與愛情的」。因此，不但生命、自由、愛情樣樣有價，而且其間也還有相對大小的區別。

羅森的特徵定價學說不僅僅是理論，也可以應用到種種災害或風景的評價上。例如，同樣在陽明山兩幢大小相同的別墅，如果只因為看不看得到山景，而使房價差上五百萬元，則表示山景的價格大約是五百萬。如果甲、乙兩處有兩幢規模、方便相同的公寓，只因為兩地空氣汙染程度不同，而使每月租金相差近三千元，則表示這空氣品質差異的代價，大約是每月三千元。同理，如果某個家長為了子女的教育而放棄十萬高薪在家陪讀，那麼教育子女成就的價格，至少是十萬元。如果某人願意花十三萬的交通費用，去阿拉斯加觀賞冰山，那麼這冰山景緻，對他就至少值十三萬。我們將每人評價乘上參觀冰山每年的總人數，就能得到阿拉斯加冰山風景的總價值了。總之，風景有價、污染有價、子女成就有價；儘管三者都沒有出現市場交易，但隱隱然就是有其價格。

花錢買幸福，未必盡如人願

從上述的例子和說明中，我們得到以下結論：人們對生命或自由等無形的願望，雖然看不到市場交易和價格，但這些願望和金錢之間的交換關係，卻可能隱隱然存在，而且經常發生在每個人身邊。由此可見，金錢不僅可以幫助人們實現有形的願望，可能也有助於實現無形的願望。依此推論，有錢的人豈不是太「幸福」了？事實未必如此。

先前我們曾提到，人們是否感到幸福或不幸福，和他的願望能不能實現有關。更具體地說，應該是：他感覺不幸福的程度，與他有多少願望不能實現有關，而不是與他有多少願望能夠實現有關。因為越多的願望不能實現，煩惱便會越多，當然不可能有什麼幸福快樂的感覺。有錢人之所以也會感覺到不幸福的原因，往往是由於他們的願望很多，因此遺憾也比較多。

經濟學者認為，人的慾望是無窮的，是永遠不能完全被滿足的。但窮人因為沒有錢，能實現的願望有限，於是在遷就現實下，自己設定想要實現的願望往往比較少，可能只求衣食溫飽，就心滿意足了。可是一旦有錢之後，飽暖則思淫慾，得隴則又望蜀，願望便越生越多了，所以即使有再多的錢，也不能買到自己許下的各種有形與無形的願望，結果煩惱反而越來越多，痛苦或不幸福的感覺則越頻繁。所以，有錢固然能夠幫助自己實現願望，但又會使有錢人生出更多的願望，結果不能實現的願望反而更多，離幸福之路自然越來越遠。貝克教授說，人的慾望其實是有「癮頭」的。有些人住慣了「七房八衛」的房子、吃慣了「七菜八湯」的酒席，就難以平淡度日；這才是不幸福的源頭。

當然，有錢人如果要避免落得不幸福，也許可以從節制自己的慾望著手。其實只要慾望少，即使再窮，也不至於有願望不能實現的煩惱。所以中國人講求修身，要**居陋巷而不改其樂**。很多宗教家也教導人們，要懂得**清心寡慾**，便能**知足常樂**，都是這個道理。然而，節制慾望或知足常樂固然是健康的人生觀，但完全沒有慾望或願望，卻根本違反人性。其實人類的文明與進步，就是來自於追求慾望的滿足或願望的實現。我們可以想像，如果人類社會中每一個人都失去追求慾望和實現願望的動機，那麼人類文明恐怕停滯不前。而數千年來人類文明在不斷演進著，它背後所顯示的意義，卻也正代表著人類的天性確實是慾望無窮，因此煩惱也總是不斷。天性既然如此，恐怕再多的金錢，也不可能讓我們感到完全幸福。

幸福與否，端視如何自處

由於人的慾望無窮，也總是有不能實現的願望，所以再多的金錢，也無法買到全部的幸福。但金錢畢竟可以幫助我們實現部分有形或無形的願望，從這個角度來看，「有錢似乎應該比沒有錢好」。我們可能也會預期：在願望相同的假設情況下，有錢人應該也比沒錢的人煩惱少。所謂「床頭金盡壯士無顏色」、「貧賤夫妻百事哀」，大概都是這個道理。

然而，即使願望相同，有錢真的比沒錢煩惱少嗎？事實仍然未必如此。因為其中還牽涉到兩個關鍵。第一個關鍵是：「理財」本身有時也是一樁煩惱。如果一位富翁的理財能力很差，光是管帳就可能累得半死。想像一下，如果我們有一百億財產在手上，我們馬上會面臨很多問題：這一百億到底要以現金持有，還是投資股票、期貨、債券、基金、美元、歐元、黃金或是房地產？要投資多少？什麼時候進場或出場？唉喲，今天早上好像忘了看收盤指數，糟糕……。每一項投資要選擇哪些具體標的？投資哪家公司的股票？選擇哪一種商品期貨？買哪一種類型債券？將來留遺產給子女要不要繳遺產稅？有什麼辦法可以避稅？隔壁小張向我示好，是真心還是假意？這些理財問題複雜得不得了，思慮稍有不慎，往往損失便是幾千萬、幾億或甚至幾十億呢？懷璧其罪，有錢難道不煩惱嗎？還好這社會大部分的人都沒有百億身價，所以也就沒有這些煩惱和不幸福了。

另外一項決定有錢人煩惱會不會減少的關鍵，在於他會不會用錢。至少有兩種類型的人是不懂得如何用錢的；一種類型是一輩子都在省錢而沒有花錢的人。這種人不了解「錢要花掉才是自己的」，他們捨不得花錢，所擁有的金錢永遠只是一個數字，因此除了「算錢算到手抽筋」之外，從來不能幫他實現任何願望；另外一種類型是雖然把錢花掉了，但卻不買不甘願、買了又後悔、瞻前顧後、絞盡腦汁，所以這種人花錢也沒有什麼樂趣可言。無論是上述哪種類型的人，他們都是有錢但未能利用錢來實現更多的願望，那豈不和沒錢是一樣的？總之，**金錢可以幫助人們去實現願望固然是事實，但是幸福和金錢卻顯然沒有絕對的關係。有錢人和窮人，都有幸福與不幸福者，關鍵在於：如何自處。**

對於一般讀者而言，以上描述應該足夠了。但是對於政治人物而言，也許我們該把文章中「金錢」二字改為「權力」，重新再述說一遍。

談情說「愛」，經濟學家擅長

二〇〇九年五月間，台灣媒體常拿葉金川與陳菊兩人的行為做類比，討論葉金川愛不愛台灣或陳菊愛不愛台灣，以及他們兩人誰「更愛」台灣，成為輿論討論焦點。一般人以為經濟學家擅長理性分析，不了解感性世界，其實是百分之百的誤解。「愛」是正港經濟學分析的範圍。

華人家庭長久以來有重男輕女的傾向，許多父母都偏愛男孩。他們口頭上不便承認，但在作為上卻是無所遁形。父母做產前超音波檢查，發現是女嬰因而墮胎的比例，遠大於男孩。在超音波技術發明之前，全世界各國新生嬰兒的男／女比約一・〇四，但在超音波普及之後，這個比例在中國大陸、韓國、台灣等社會暴增至一・一〇，這不是東方社會偏「愛」男孩的最佳數據嗎？

不想要女孩的父母可能不生，即使生下來了，許多父母親還是重男輕女。論子女教育，一定是儘量讓男孩唸書，女孩再考慮。論父母遺產，也一定是男多女少；台灣甚至有七十%以上的家庭女孩分不到一文錢。以教育資源與遺產分配型態來看，這是不折不扣的偏「愛」男生。由行為推論愛恨區別，這就是經濟學泰斗薩繆爾遜所說的**顯示性偏好**（revealed preferences）。

但是經濟學家談情說「愛」，有三個大原則。其一，「愛」是主觀的、隱藏於內的、外人難以捉摸的心態。我們只能從人的遺產分割、教育資源分配、墮胎抉擇，推論父母親對男孩女孩的偏愛差別，而不能劈頭就主觀質問父母親：「你有沒有偏愛男生？」真這樣問，大家都會否認。其二，難分主觀強弱。某甲某乙都愛一名女生，科學上不容易分辨「誰愛的比較深」。甲在女生宿舍門口站崗較久，也許只是因為甲的體力好；乙在情人節送的玫瑰花朵數較多，也許是乙比較有錢。經濟學對愛的分析是依循自由主義、人本主義的哲學基礎。準此，「愛」是人的主觀偏好、是每個人的秘密。人與人之間除非足夠親近，基於對人的尊重，根本不會隨便問對方「愛不愛台灣」；這是經濟學談愛的第三個原則。一旦被人逼問，標準答案應該是：「愛與不愛干卿底事？」

也許有人以為，公眾政治人物愛不愛台灣，當然可以拿出來檢視。但問題是要如何檢視。某丙將國家機密賣給敵方，這似乎是「不愛國」的明證，但這裡也有論述的盲點。出賣國家利益的人，我們只知道他「愛錢甚於愛國」，倒還不能依此而論斷這人不愛國；換句話說，如果某人對錢愛到難以自拔，那他就極有可能賣掉國家。

總之，「甲乙相比誰更愛台灣」的問題，理性的人都不屑問，有尊嚴的人都不屑答。經濟學基於人本主義；唯有在尊重他人的前提下，才有經濟分析的發揮空間。

22 貝克教授的貢獻與極限

芝加哥大學的貝克（G. S. Becker）教授，大概是經濟學界公認最會「異想天開」的教授。他在經濟學各領域的貢獻非常多，而且他的研究即使對非經濟專業的人，也能有相當的啟發。以下讓我們擇要向讀者做淺顯的介紹；在本書其他篇幅中，我們還有更進一步的解說。

經濟學界公認的「莫札特」

四十多年前，貝克先後提出了**理性犯罪論**、**理性生育論**及**人力資本論**三大學說，震撼學界數十年；許多經濟學者都推崇貝克，說他是**學界的「莫札特」**，**創意多且饒富趣味**。

貝克的「理性犯罪」學說認為，一個人是否要犯罪、犯什麼樣的罪，其實往往是他衡酌成本、評估風險之後的理性行為。這種理性犯罪論顯然與傳統的「一時衝動論」或「幼年心理不平論」等截然不同，也因此而受到不少犯罪學者嗤之以鼻。

「理性生育」論認為，一個人要不要生孩子、生幾個孩子、要給每個孩子唸多少書、留多少遺產，也是父母理性決定的。孩子生下來之後至少會待在父母身邊十餘年；他們固然有搗蛋叛逆的一面，但是也有許多可愛的地方。貝克說，父母疼愛子女十餘年，由子女身上得到諸多關愛、期待與滿足；因此，子女有如汽車、電視一般，是父母的「**耐久性消費財**」。父母決定生幾個孩子、花多少錢養育孩子，如同在做「耐久性消費財」選擇的理性決策一樣。可以想見，前述理性生育論免不了又受到人口學家一陣撻伐。許多人直指貝克為離經叛道之輩，居然把「孩子」視為消費財！

四十幾年後，貝克所提的理性犯罪論文，已然成為犯罪理論的經典，也為「犯罪經濟分析」這一門新學問開闢了一條大路。其理性生育的論文，也已然成為人口經濟學文獻的經典，也是「家庭經濟學」這門學問的開山鉅著。美國人口學會甚至在幾年前頒給貝克一座終身成就獎，表彰他對家庭與人口理論的重大貢獻。當年罵他離經叛道的人口學家，大概已經作古了，否則這個獎項恐怕還頒不出去呢！在一九九二年，貝克也拿到諾貝爾經濟獎，當年對他理論嗤之以鼻的學者，即使在世恐怕也不太敢再囉嗦了。

人力資本與教育傳訊

貝克所提諸多理論在數十年前比較沒有爭議的，則是人力資本論。在工業革命之後，大家都已經注意到機器廠房等實體資本累積的重要性，但鮮少有人注意到人力資本。所謂人力資本，就是指我們（人）所具備的教育、知識、經驗、特殊技能等。貝克指出，這些知識、經驗、技能的累積，與機器廠房等實體資本的累積有諸多類似之處。獲取知識經驗要付出學習成本，就如同購買機器廠房要付出代價一樣；新吸收的知識經驗能逐漸累積，而舊知識也會隨著時間漸漸淡忘，「淡忘」的過程，與機器設備的「折舊」有些類似。每個企業都會盤算公司要做多少投資，就好像每個人都會盤算要接受多少教育訓練一樣。的確，人力資本的累積學習確實有許多值得我們探究的地方，而貝克率先在此開拓了一片天空。

人力資本論在一九六〇年代提出時，雖然比較沒有爭議，但是到了一九七〇年代，卻半路殺出程咬金，有人提出了「教育傳訊論」，挑戰人力資本理論的地位。依據貝克的說法，人接受教育其實是一種投資行為；一個人累積的人力資本越多、知識經驗越豐富，他的生產力就會越高，因此薪水也就越高。主張教育傳訊論者卻認為，較高學歷者確實有較高的薪水，但卻未必是因為高學歷者的生產力較高，而可能是因為高學歷者的能力本來就較高；換句話說，教育傳訊論者主張，教育可能無助於生產力的提升，只不過是高能力的人用高學歷「證明」自己是高能力的人，藉以向雇主要求較高的薪水。我們這樣解說讀者也許還不甚了解，所以我們用以下更簡單的例子說明。

以傳訊機制分辨隱藏特質

假設社會上有甲、乙兩人，甲的能力高、乙的能力低，但是能力究竟是高是低只有甲、乙二人自己知道，別人看不出來。假設甲、乙兩人都去應徵某一工作。

老闆問：「你們兩人，誰的能力好啊？」

甲、乙同時都說：「是我。」

如果老闆只要聘一人，卻又無法分辨二人的能力，那該怎麼辦？類似的情境也許也會發生在中國古代：甲、乙二人，甲較忠心、乙較奸歹，兩人都想做官，皇帝只想用一人，卻又無法分辨兩人的忠奸。

皇帝問：「你們兩人，誰會對我忠心啊？」

甲、乙同時搶答：「是奴才我。」

皇帝又要任命誰呢？

誰忠心也許看不出來，但忠心也許有一些相關的特質，可以用別的方法「套」出來。比如說，皇帝設計了一項題目死板、內容八股、準備費時的考試，名之為「科舉」，用它來篩選誰該出來任官。假設越是忠心的人越願意不計一切去準備八股死板的科舉考試，也願意不顧後果地寫出種種噁心的奉諛之辭，因此也有較大的機率在科舉考試中及第。果真如此，雖然皇帝不知道誰真的忠心，但透過科舉延才，大致就能過濾出一批愚忠之徒。因此，「科舉中第」成功地扮演了傳遞「忠心」訊息的角色；皇帝雖然不知何人忠心，卻能藉由科舉及第的訊息，大略地猜到十之八九。

同理，老闆也許弄不清楚甲、乙二人的真能力，但他也許知道「能力高的人比較會唸書」。於是，他對甲、乙二人說：「你們兩人且先回去，三個月之後誰能通過某個考試，我就用他。」即使這個考試與老闆所需要的專業不相干，而準備考試也完全不能增加個人的能力，但只要「通過考試」與「能力」之間有正向相關，那麼老闆就能以考試做為手段，得知甲、乙二人的真正能力，進而聘用此人。在此例中，考試也成功地扮演了傳遞能力訊息的角色。

文憑主義的學理意義

由以上分析，我們大略能了解「教育傳訊論」的精髓。有些雇主喜歡聘國立大學畢業生，倒未必是因為國立大學的教育真能提升學生的能力，也許只是因為「考得上國立大學」代表此生智商高、能力強、學習快。如果社會上大部分的廠商都這麼想，都認為學歷與能力有極高的相關、都願意聘高學歷的人任職，那麼這樣的趨勢，自然也刺激了年輕人及其家長追求學歷的動機，因為高學歷能保證日後有較佳的就業機會。我們要再一次提醒讀者：即使受教育無助於能力的提升，只要學歷與能力有正相關，還是會使許多人願意去受教育。這就是前文提到的「教育傳訊論」。

迄今，主張「教育能提升生產力」的人力資本論，與主張「教育未必能提升生產力」的傳訊論，究竟何者為是、何者為非，也還沒有定論。但是，社會上常聽到的「文憑主義」，其實也就是某種翻版的教育傳訊論。文憑主義的意思是：高中、大學倒未必能「惠我良多」，但是至少可以提供一張文憑，讓別人知道我是某高中、大學畢業的。另一方面，社會上也有許多人相信文憑所傳遞的訊息，才會使文憑主義存在。像這種「有些人盲目相信文憑、有些人盲目追求文憑」，不也是勞動市場上一種奇特的傳訊現象嗎？

商品市場的傳訊機制

之所以大家要用學歷來傳遞能力的訊息，是因為「能力」是一個不可觀測、難以驗證的東西，但學歷卻是一個可以驗證的資料。有許多耐久性消費品，它的製造過程的品管很差，以至於使用起來折舊很大。如果市場上充斥著這樣的劣等品，那麼消費者便會心生畏懼，不太敢買該類商品。這時候品管良好的製造商就會受到池魚之殃，因為連他們的高品質產品，消費者也興趣缺缺。怎麼辦呢？由於品質是一個事前很難佐證的特質，高品質廠商很難向消費者解釋「我賣的產品真的很好」。

於是，就產生了「傳訊」的需求。例如，高品質製造商可以用「保證三年免費維修」來傳訊，也可以用「試用三個月、不滿意退貨」來傳訊，間接告訴消費者，他們的產品是耐久的高級品，不是蹩腳貨。

不論是教育或品質保證，傳訊的目的就是為了要「區隔」；廠商或勞工希望透過訊息的傳遞，讓別人知道誰是「正港」的。因此，任何傳訊要發生作用，必須有兩個條件：（一）競爭對手無法模仿，或模仿的代價極高，（二）品質或條件優異者在傳訊之後仍然有利可圖。以教育傳訊為例，要使學歷文憑成功地扮演區隔的角色，條件（一）表示，它必須使高能力的人願意去取得文憑、但也使低能力的人卻不願意花代價取得文憑。換句話說，低能力者雖然也能拚上半條命去拿一張大學文憑，但代價太大，犯不著這麼做。再以品質保證為例，條件（二）表示，高品質廠商有時雖然可以用「二十年免費維修」的方法使自己與低品質廠商區隔，但這樣做成本實在太高了，如此同歸於盡划不來，所以高品質廠商也就不願意如此傳訊。在現實社會中，有時候高條件的人或廠商，偏偏找不到同時符合（一）與（二）兩個要求的傳訊方式，不得不放棄傳訊，很委屈地與低條件的混在一起，接受比較低的報酬。

其實，不僅在商場、人力市場存在種種傳訊機制，一般日常生活中也存在不少例子。假設甲、乙二人都在追求某校園美女，該美女無法分辨誰對她「愛得比較多」，因此暫時對甲、乙「平行發展」。甲、乙彼此也了解情勢，於是想盡辦法「證明」自己愛得比較多。某甲的策略也許是每日一束花、每天一封信，用柔情訊息去傳遞愛意；某乙也許是在雨中苦候、在宿舍站崗，用堅忍毅力去傳遞執著。這樣的傳訊雖然外人看來有些噁心，但好歹尚稱合理。在選舉的時候，我們卻經常看到一些愚蠢的傳訊。有人跑去廟裡斬雞頭、有人在媽祖面前發毒誓，都說自己選舉清清白白。但是這樣的傳訊就相當笨：雞頭人人會砍、毒誓人人可發；如果所有的候選人都如法炮製，那麼所有的傳訊都是白搭，沒有一點區隔作用。

二手車市與醫療傳訊

如前所述，現實社會也有一些情況，是無法用傳訊解決的。前述以產品若干年免費維修去保證品質的例子，大概要相當規模的廠商才做得到，而教育傳訊的例子，也要以整個社會對學歷文憑的信任為前提；這些都很不容易。如果社會上沒有類似的背景機制，那麼傳訊就難以達成效果。以二手車買賣為例：假設一輛一百萬的車開兩年之後價值平均六十萬。如果車況良好，則價位高一些；如果車子有毛病，就不值六十萬。某甲要賣一輛車齡兩年的舊車，開價六十萬，自認為相當合理，但是買者就狐疑：「如果這車子沒有隱疾，甲為什麼不賣給他親友？一定是這車不值六十萬。」由於車子有沒有隱疾難以驗證，因此買者的狐疑也不是沒有道理。其實，某甲不但開平均價六十萬有人狐疑，就算他開價五十萬，也一樣有人心想：「嘿嘿嘿，平均價格六十萬的車，外觀這麼好，甲居然只要價五十萬，可見此中必有詐，八成是出過車禍！」

假如甲的車子真的沒什麼隱疾，只是因為想換車而要賣舊車，那麼他面對前述狐疑，可就既沮喪又無奈了。沮喪的是車價拉不高，無奈的他沒有辦法證明自己車子的品質。甲可能只是個小商人，不可能提供什麼產品保證。甲賣完車說不定一兩月以後就搬家了，所以買主也不可能在交車之後再找甲理論什麼。這時候，如果想要解決問題，市場上就必須要有持久、具有品質鑑定能力的中古車商才行。中古車商一方面有相當的專業能力，能夠在短時間內檢測出某甲車輛的狀況，再以合理的價格向甲收購。另方面，老招牌的中古車商也能向買主提出兩三年的產品保證，以讓買主乙確知他所購買的並非有隱疾的車子。我們需要中古車商來解決買賣雙方的問題，其實正表示甲、乙雙方沒有辦法用傳訊的方法解決問題。

另外一則難以傳訊的實例，則發生在醫療保險市場。假設社會上平均罹患心臟病的機率是百分之一；健康的人罹病率較低，但有不良嗜好的人罹病率較高。由於平均罹病率是百分之一，所以整個社會收支平衡的保險費率，大約應該是診療支出的百分之一。但麻煩的是：如果真的將保費費率訂為百分之一，則罹病率較低的、無不良嗜好的人，都不願意前來投保，因為他們如果不保險，其預期支出還小於保費支出。另一方面，有不良嗜好的人卻都願意投保，因為他們罹病率高，所以不保險的預期診療支出大於他的保費支出。經濟學家將這種「來者不善、善者不來」的現象稱為**反向選擇**（adverse selection）。由於一個人有沒有不良嗜好，保險單位無法觀測，所以醫療保險很難運作，因為永遠是一批有「隱疾」的人會前來投保，如此遲早會拖垮保險公司。

解決保險市場傳訊困難最原始的辦法，就是由政府強制人人投保（全民健保）。因為是人人強制投保，所以保險公司當然就會面對整個社會的平均罹病率，前述反向選擇的困擾就自然消失。不過，像這樣以剝奪人民選擇自由的手段，去解決反向選擇的問題，似乎有些矯枉過正，對此學界也有不少爭議。

風騷學界欠人文關懷

傳訊之所以必要，其實是源於交易雙方所擁有的訊息不對稱。有些資訊買方知道，但沒有辦法直接傳遞給賣方；而有些資訊賣方知道，卻沒有辦法直接傳遞給買方。既然無法直接溝通，就只好求助於間接的訊息。貝克在一九六〇年代提出人力資本論，只是想強調：人們累積教育技能與企業累積資本設備，其實是十分相像的。他大概沒有想到，學界居然推展出一套教育訓練無用論，形成人力資本的對立學說。幾十年下來，經濟學家大概也只能驗證教育對工作報酬的確有正向影響，卻無法驗證這正向影響究竟是來自於「教育對能力的提升」，抑或「教育傳遞了能力的訊息」。貝克在一九九二年獲諾貝爾獎，代表經濟學界對他人力資本論、理性犯罪論、理性生育論三大學說的肯定。在二〇〇一年，瑞典皇家學會又頒了三座（共同）諾貝爾獎給史賓斯（M. Spence），阿克洛夫（G. Akerloff）與史蒂格利茲（J. Stiglitz）三人，以表彰這三位學者在傳訊經濟理論方面的貢獻。看來，貝克不僅因人力資本論讓自己聲名大噪，也連帶嘉惠後人，讓唱對手戲的學者都能捧個大獎回去。二十世紀若論對經濟思潮的貢獻，我們推崇貝克為第一人。

但是經濟學學術創新上的文思泉湧，卻未必與人文社會裡的貼近關懷若合符節。九一一事件後，貝克在二〇〇六年八月，發表文章贊成對一般美國人民監聽、也贊成美國對他國發動先制性攻擊。在已經確知伊拉克大規模毀滅性武器訊息不實後，貝克還是聲名狼籍的美國國防部長倫斯斐的顧問。此外，他在二〇〇五年接受布希總統頒發的白宮自由獎章，也飽受批評與責難。我們眼見學界偶像與自己的民主自由人權理念有這麼大的差距，心裡其實好生失望。如果因為恐怖攻擊的擔心，若干經濟學者就能同意未經法院核准的監聽、永無止盡的監禁、凌虐犯人逼問「或有的口供」、甚至不經司法程序「處決可能的敵人」，那麼這些人即使有絕佳的經濟專業，卻也有極差的公民通識。

23 自利心與交換經濟

十八世紀，蘇格蘭曾經出現一位人類歷史上非常重要的經濟學巨擘——**亞當斯密**（Adam Smith）。他在探討人類行為動機時的關鍵認知是：**只要是理性的個人，他的諸多行為動機，都是在追求本身的自我滿足**。由於社會上多數人都是理性的「經濟人」，所以社會上多數人的行為動機，也都可以用「他們是各自在追求本身自我滿足」來加以解釋。

舉例來說，某人到餐廳去吃了一頓大餐，我們可以解釋這項行為的動機，是為了滿足他的口腹之欲。因為自己吃大餐無助於滿足其他人的口腹之欲，所以這種吃大餐的行為，很明顯是屬於一種追求自我滿足的「自利」行為，也就是說其中沒有利他性質在內。當然，我們的確也會看到社會上有許多利他行為隨時在發生。例如，某人很慷慨的將身上大把鈔票送給街頭流浪漢，或者在小巷內奮不顧身地追緝強盜。這些經常發生在社會上的利他行為，又如何用理性人「追求自我滿足」的「自利」行為動機來加以解釋呢？答案是因為這些人的利他行為，同時也為自己帶來了實現社會正義的自我滿足感。這才是他們會積極採取行動的原因。

自利心是人類的天性

歸根究柢，依照經濟學觀點，只要是理性「經濟人」，無論他的行為是否具有利他性質，最終目的還是為了要實現個人自我滿足感，也就是要滿足追求「自我利益」的動機。

其實我們常用「助人為快樂之本」這句話來鼓勵大家行善，根據前述經濟學的詮釋，這句話的意義就是說，我們幫助別人也是因為實現了自己的快樂。如果有人不相信，「助人為快樂之本」是為了自己快樂才會幫助別人的說法，那麼不妨再設想以下的例子。

假設你經常在街頭看到某個流浪漢，衣衫襤褸又面黃肌瘦，有一天你大動惻隱之心，一口氣給了他一萬元，想讓他添置點衣服或吃頓好餐。可是一週後，你在街頭再遇到他時，發現他仍然衣衫襤褸又面黃肌瘦。於是，你不禁好奇地問：「那一萬元用到哪裡去了？」流浪漢回答說：「你給我的一萬元，讓我這幾天喝了不少好酒，剩下的錢就拿去賭博輸光了。」對這位流浪漢來說，也許喝酒賭博比起吃飽穿暖，顯然帶給他更多的滿足感，所以他選擇將錢花在喝酒賭博上，是他追求個人自利動機下的理性行為。可是，如果你知道這位流浪漢竟然把你送給他的錢花在喝酒賭博上，你會高興嗎？應該不會。相反的，你可能會很失望。因為你期待他把錢拿來買食物與衣服，那麼你會再捐一些錢給他，讓他繼續喝酒賭博嗎？看來你是不會再這樣做了。由此可知，你捐錢的動機似乎是為了自己的快樂，哪裡是為了流浪漢的快樂呢？你只喜歡看他吃飽穿暖，並不是喜歡看他喝酒賭博。

所以，經濟學對人類行為動機的認知，由這個例子再次得到印證，凡是理性的「經濟人」，他的行為動機都難脫「自利」兩個字。只是有些自利行為有利他效果，有些自利行為沒有利他效果而已。

上述道理看起來十分淺顯，卻也非常重要。因為從古至今，歷史上許多熱衷於社會改革的人士，他們一股腦兒地認為，理想社會的形成必然是建立在社會大眾皆應行善（從事利他行為）之上。於是用盡各種制度及教育手段，試圖將每個人型塑為「愛他人甚於愛自己」的模範公民。然而這些努力卻往往事倍功半，而且最終難免理想落空。這無非都是那些熱情的改革人士沒有看透人類的自利天性，未能領悟到沒有利己誘因的利他行為，其實是很難得到社會多數理性「經濟人」的認同與實踐，或者即使表面認同，恐怕也是陽奉陰違罷了。

自利心促成社會進步

我們期待社會上的理性「經濟人」，都變成「愛人甚於愛己」的模範公民，顯然沒有面對現實。那麼，經濟學務實面對人類自利天性的現實後，是不是就可以實現前述社會改革人士所嚮往的理想社會呢？這個問題其實很難回答。因為理想社會的定義既抽象又主觀，每個人的理想都不盡相同。理想社會是孔子所稱的大同世界嗎？或是陶淵明所指的桃花源社會？經濟學家在探討社會某些理想或稱最適（optimal）狀態時，通常是「務實」地尋找次佳（second best）方案，而沒有最佳（the best）方案。

所謂次佳方案，其實就是先承認這個世界的現狀是受不完美所限制，接下來則是如何讓這個不完美的世界能夠獲得改善，也就是找出讓「明天比今天更好」的方案。當然明天雖然會比今天更好，卻仍然是不完美的，所以仍然有繼續改善的空間。於是我們可以再試圖尋找下一個能夠變得更好的明天。由於現實社會永遠不會處於完美狀態，因此我們總是可以不斷地追求社會進步，永遠沒有停止的一天。相較於「理想社會是什麼？要如何達成？」的討論，經濟學者顯然更加關心這種如何不斷追求進步，讓明天比今天更好的社會。

接著我們也許會問，怎麼做才能讓明天比今天更好呢？十九世紀的義大利經濟學家兼哲學家柏瑞圖（Vilfredo F.D. Pareto）提供了一個重要的概念：「**柏瑞圖改善**（Pareto improvement）」。所謂柏瑞圖改善是指：**任何一種經濟現況的改變，如果能夠使其中至少一人因此獲得利益，同時，其他人並沒有因此受到損害，那麼這項改變就代表整個社會的利益在增進。**如果我們將這個概念以及前述對人類自利心的認知，一併應用在追求社會進步上，便可以找出一個很務實的途徑，讓明天的社會比今天更好。這個途徑就是利用人類自利心去鼓勵社會上每個人，讓他們各自追求自己的利益，只要在追求自我利益的過程中，沒有妨礙其他人的利益就好。於是人類追求自利的動機，自然成為帶動社會進步的動力。

柏瑞圖改善的概念看起來很有道理，不過利用自利心來達成柏瑞圖改善，還有一項技術問題必須克服。那就是人們在自利心的驅使下，難免會「把自己的快樂建築在他人的痛苦上」。結果是個人利益增加了，但其他人的利益反而因此受到傷害。於是，這個世界的明天也就不能保證比今天更好。所以，我們的社會如果要實現柏瑞圖改善，就得先建立規則，避免個人的自利行為會導致其他人的損害。而這個規則應用在我們的社會中，最常見的就是市場經濟裡的「自願」交換機制。在自願交換機制下進行的各項交易活動，每一個人都會獲得交換利益，也必須付出交換代價或損害，而且他的損害至少都已經從交換利益中得到充分補償，否則他不會「自願」從事該項交易。任何人的損害在經過充分補償後，也就不會為他個人帶來傷害了。

舉例來說，我在百貨公司賣衣服的專櫃看到一件漂亮衣服，試穿之後果然非常滿意。如果我把這件衣服穿了就跑，那麼這種自利行為雖然可以讓自己利益增加，卻勢必傷害到其他人（賣衣服的店員）的利益，所以這種行為不屬於柏瑞圖改善。

於是根據自願交換機制，我必須先問店員，我所試穿的這件衣服要賣多少錢。如果店員告訴我要價一千元，那麼我得衡量一下是不是值得。如果我決定接受花一千元來買這件衣服，代表我給店員一千元即便是很捨不得，但是換到衣服卻足以讓我很高興，而且高興的程度，一定足以補償付給店員一千元的不捨。於是，在充分補償原則下的自願交換過程中，我的利益必定因此而增進。至於對賣衣服的店員來說，如果要他平白將衣服送給我，他一定會感到悵然所失，但是如果因此換到我的一千元卻必定十分高興，高興的程度也必定超過他把新衣服交給我的失落感，否則他不會告訴我這件衣服賣價是一千元。於是經過充分補償後，賣衣服店員的利益也會因此增進，或至少沒有減少。於是在自願交換機制下，我們根據充分補償精神，自然達到了柏瑞圖改善。這正是經濟學在認知到人皆自利時，相信利用自利心與市場自願交換機制，可以為人類社會帶來進步的道理。

自願交換機制的應用

市場經濟活動中的自願交換行為，為交易雙方帶來雙贏的結果。只要交易雙方因而獲利，而且社會中的其他人沒有因而受損，那麼整體社會便會獲得改善。這個道理不僅可以用在市場經濟活動中，也經常用來解決其他公共事務。以下我們試舉兩個例子來說明。

第一個例子與本書〈政治經濟〉篇中所提到的協商政治有關。我們知道，民主政治的重要特色是「少數服從多數」。「少數服從多數」的好處是避免獨裁與專制，但是「少數服從多數」也可能是民主政治的重大缺陷。因為它也代表多數可能會欺負少數，因而形成「多數暴力」。結果則是多數人的利益增加了，少數人卻因而受損。這樣的結果當然不符合柏瑞圖改善原則，於是「少數服從多數」也不能保證社會可藉此而獲得改善或進步。所以，一個成熟的民主政治，雖然是以「少數服從多數」做為決策依據，但在決策過程中，對於少數人強烈反對的事務，往往不會輕易採取「少數服從多數」的表決方式來處理，而是盡可能透過協商來解決。

所謂協商，就是贊成與反對者彼此妥協，或大家各讓一步。所以，它在本質上是一種自願交換機制的運用。大家在「有給」也「有要」的談判與交換中，如果能夠取得共識，那麼就不會有人反對，也表示沒有人因而受到損害。所以，能夠獲得協商並達成共識的公共決策，就如同市場自願交換活動一樣，在有人獲利（贊成），沒有人受損（反對）下，更能確保社會利益的增進。

當然上述的政治協商也不是沒有交易成本。因為談判、補償與妥協往往曠日費時，而且最後不一定能夠達成共識。這時候就不得不用「少數服從多數」來解決爭端了。不過，正如前述，一個成熟的民主政治，應該是以協商做為達成公共決策的主要途徑。所以民主政治的精髓，應該是盡量建立一個有助於談判、補償與妥協的環境與制度，減低持有不同意見人士在協商時的交易成本，並因此而形成更多的社會共識。至於採取「少數服從多數」的投票方式做成決策，則只是最後迫不得已的手段罷了。

第二個例子是環境公害問題的處理。雖然我們都知道製造公害是不應該的行為。不過，我們生活中的某些環境公害問題卻永遠躲不掉。例如，在人口密集的都市化地區，垃圾掩埋場或焚化爐是必須設立的，監獄或感化院也少不了，至於發電廠、變電所更是普遍存在。沒有人能否認這些設施的必要性，但是也沒有人會自願與這類設施比鄰而居。因為這類大型且具有公害性質的設施，的確對附近居民的身體健康、人身安全或生活品質，會產生一定程度的威脅。所以當社會愈進步，人民對健康和生活品質愈來愈重視時，社區居民對於區內設置大型公害設施的集體抗爭現象，也會愈來愈多。

合理解決這類社會衝突的方法，就是在規劃興建這些具有環境公害的大型設施之前，先由興建者進行環境影響評估或分析，再根據評估或分析的資訊，和當地居民代表進行溝通與協商，以取得興建共識。協商的重點無非是如何由興建者另外提供具有公益性的服務或設施，來補償當地居民因為這些公害設施所帶來的不便或損害。如果能夠用「公益（public goods）」充分補償「公害（public bads）」，那麼社區居民就不會因此而受到損害，柏瑞圖改善便得以實現。

自願交換機制並不完美

從以上所舉的例子來看，自願交換機制似乎在改善整體社會利益上非常實用。因為凡事只要你情我願，就代表有人獲利而沒有人受到損害。由於任何自願交換都是你情我願，所以它無論是應用在解決經濟問題上，或者是解決任何公共議題上，都一樣可以達到改善整體社會利益的效果。不過，如果我們真的心存以上這種想法，又未免太過天真。如同本文前面所言，現實社會永遠不會處於完美狀態，其實自願交換機制也有不完美的地方。在現實社會裡，至少有三類問題是自願交換機制所不能解決的。第一類是自願交換固然可以為交易雙方創造雙贏，但是每一個人從交換過程中得到的經濟利益卻未必相等。於是交易活動不斷發生後，每個人所累積的經濟利益或經濟地位，往往出現很大的差異，並因此產生所得分配不均的經濟公平問題。所得分配不均通常必須靠政府對高所得者課稅，或增加對低所得者的福利性支出來解決，而這些措施則不是自願交換機制所能做到的。

自願交換機制不能解決的第二類問題是：交易雙方的資訊不夠充分，以至於交易當時的雙方即使是你情我願，但事後卻可能有人覺得上當受騙而後悔莫及。當然這種自願交換，就不能算是柏瑞圖改善了。不過，只要交易的雙方能夠獲得足夠資訊，那麼上述的自願交換仍然是有價值的。所以，這類問題所涉及的不是自願交換沒有價值，而是資訊不完整使得自願交換失去了價值。

至於自願交換不能解決的第三類問題，則與上述第二類問題的性質又不相同，因為它完全否定了自願交換的價值。主要原因是我們的社會道德感或價值觀，不認同這一類的自願交換行為。例如：生命、健康、自由等基本人權的自願交換，就違反了社會公平的價值觀，因而不為法律所允許，或者出賣誠信也是有違社會道德的交換行為。以出賣健康的自願交換行為為例，在前面提到的環境公害問題中，如果環境公害設施的興建者，在與當地居民代表協商補償過程中，不是尋求以「公益」補償「公害」的方法，來達成柏瑞圖改善，而是嘗試以「私益（private goods）」做為補償手段，例如提供現金補償給當地居民。那麼只要現金補償的誘因夠高，即使它所換取的「公害」明顯傷害到居民的身體健康，自願交換仍然可能發生。此時，即使交易雙方是你情我願，但這種自願交換本質上無異於出賣健康換取金錢，它違反了社會公平的價值觀，也不應該為社會道德或法律所允許。

當然，值得注意的一個有趣現象是：基本人權和社會道德的標準，往往也會隨時空與社會環境的變化而改變。在古代社會，「賣身葬父」的自願交易行為是符合道德的孝行，今天則不為法律及社會道德所允許。另一方面，本書在〈法律經濟〉篇中所提到的認罪協商制度，在古代社會往往會被認為是不符合社會公平的交換制度，但是在司法對涉案人權益保障日益完備的今日，偵查犯罪事實也往往曠日費時，於是鑒於遲來的公平已經不是公平的考慮，認罪協商的交換行為則已逐漸受到許多社會認同。

最後我們想要強調，以充分補償為特色的自願交換機制，雖然無法解決公平分配問題，而且必須受到人權與道德等社會價值觀的規範，而不宜無限制地應用在所有交換行為上。但在很多情況下，它的確是一個協調社會衝突以及促進社會進步的有效途徑。當然在這條途徑上，真正趨動社會進步的原始動力，則是善用人類追求自我利益的動機（自利心），以及同時懂得尊重他人利益（柏瑞圖改善）的觀念。

24 經濟效率的「邊界」何在？

二〇〇九年十月諾貝爾經濟學獎公布之際，不少新聞記者遍訪學者，卻沒有一個人曾經聽過其中一位得獎的政治學者歐思莊（E.Ostrom）。在該獎公布之前，坦白說我們也沒聽過歐思莊其人。但是我們的求學態度很簡單：不了解的事情就想辦法去了解。經過週末苦讀，也算是有些知識增長的效果。在本章，我們將探討歐思莊的貢獻，暫且不談威廉遜。

歐氏多年來研究漁群、森林、牧草、水壩等共有資源的管理，其中最令人頭疼的問題是：資源共享者個別都想佔別人的便宜。例如，台灣、日本、韓國、中國都想在東海漁場多捕些魚，因為捕魚的利益由一己所獲得，但漁場耗竭的弊則由多國承擔，所以都缺乏保育誘因。共有資源背後的核心問題也是資訊不對稱：台、日、韓、中都知道自己有沒有多捕魚，但對手國不知；這是個多邊之間的資訊不對稱困局。

歐氏真正的貢獻，不在於經濟分析，而在於引進截然不同的研究方式，去探索共有資源的治理問題。她比較蒙古、蘇聯、中國的牧場草原，看看二次戰後三國不同的治理制度，究竟何者對於牧場資源的侵蝕較為嚴重。歐氏也觀察尼泊爾不同地區的攔水壩使用，了解他們運用效率的差別。她更以各種設計的模擬賽局，讓受測者參與共有資源的情境，看看會產生什麼樣的模擬結果；這樣的方法論摻雜了人類學田野觀察與實驗心理學，可與經濟學研究互為參照。

公民參與避免產生共有悲劇

歐氏發現，共有資源雖有資訊不對稱的管理難題，但未必得由政府集中管理、或由民營大企業統一經營；其中關鍵之一，就是共有資源者的文化制約力與公民參與感。如果是共有資源被一群彼此共榮共存數個世代的群體所擁有，他們的傳承智慧、文化制約、相互理解、積極參與，往往能抵銷人們「竭澤而魚」的私心私欲，因而避免共有悲劇。

歐氏這位政治學者與當今主流經濟學的方法論南轅北轍；但瑞典皇家學會不自限於狹隘的經濟學定義。而文化約制、公民參與之類的概念，似乎也在傳統經濟學知識邊界之外。

類似的情況也發生在一九九八年的諾貝爾經濟獎得獎者沈恩（Amartya K. Sen）。貧窮涉及的問題非常複雜。舉例而言，到底一個人要落魄到什麼地步才算是「貧窮」（貧窮的定義）？在政策實務上，我們要如何區分因為自己選擇（如賭博、酗酒等）所造成的貧窮，與因為運氣不佳（如突逢災禍等）所造成的貧窮？什麼樣的貧窮才需要政府介入予以補救？如果真要補救，又該怎麼補救？要發放老人年金以保障老年生活？要舉辦全民健保以維護基本健康？要提供義務教育以普及上進機會？要課徵遺產稅以促進代間所得移動？這些問題都已經超越了傳統經濟學實然分析的範圍，跨進了政治哲學的領域。因此當沈恩分析貧窮問題對策的時候，他就無可迴避必須要觸碰這些政治哲學。

效率論與公平正義的取捨

瑞典皇家學會一九九八年的新聞稿中指出，沈恩的貢獻之一，就是將倫理（ethics）面帶進經濟分析之中。其實沈恩在世界頂尖哲學期刊上發表的文章，不但數量不少，而且衝擊也不小。沈恩在這一方面的貢獻，基本上是延續修正當代政治哲學大師羅爾斯（John Rawls）的理論。羅爾斯在一九五八年起發表了一系列文章，且在一九七一年出版他的專書《正義論》（*A Theory of Justice*），對於何謂「公平正義」提出了一套系統性的理論。正義論探討的範圍很廣，但經濟學家最感興趣，也最敏感的，則是羅爾斯的「極大化弱勢論」（maximin principle）。

羅爾斯認為，每個人都希望有基本的健康、自由，也希望受到基本的尊重與關注。如果每個人拋棄自己身家背景、財富地位的成見（羅爾斯將這種毫無成見的情境稱為「無知之幕」），設想自己重新投胎出生，而且有可能成為社會上任何其他人，每個人都不希望自己投胎變成一個「健康、自由、尊重、關注」等基本權利都受到剝奪的人。人同此心、心同此理，那麼表示在拋棄身家背景成見的條件下，每個人都會有「保障基本健康、自由、尊重等權利」的共識。為了避免事前的共識淪為事後不認帳的「各自表述」，我們往往將這種保護基本人權的共識，落實在憲法的位階，凌越其他的遊戲規則。當市場法則或人為操作違反了前述人權共識時，那麼人為市場的運作就應該受到限縮。由於**羅爾斯對保障弱勢基本人權賦予極高的重要性**，所以他的見解稱之為「**極大化弱勢論**」。沈恩則對羅爾斯的極大化弱勢論，做了若干修正，這使他自己在政治哲學的領域，也成為一號人物。我們在此因為篇幅限制而沒有辦法對相關理論的爭辯做太多描述，但是為什麼經濟學者會對羅爾斯的理論感興趣，則是一件值得探究的事。

長久以來，經濟學家對於「效率」（efficiency）的概念，所做的詮釋與推演極其豐富，但對於「公平」（equality）的概念，卻是進展有限。要談論人與人之間何謂公平、何謂不公平，恐怕難免要將人與人做比較。但這種「主觀」的比較，似乎與主流經濟學所主張的「客觀」科學方法有所扞格。事實上，數十年來絕大多數的經濟學文獻，都是與效率面有關的論文。久而久之，公平面的考量，就形成了經濟學者鮮少觸及的沙漠領域。但是，對於那些只知道效率分析的經濟學者，效率之外的東西就如同是在他們知識邊界（boundary）之外；邊界之外的東西他們根本不知道要如何分析？更糟糕的經濟學者，則是完全不知道「效率之外」還另有天地，憑藉著自己對經濟效率的片面了解，到處表達一些似是而非的論點。關於這一點，我們將在後文中提出若干具體例證。

然而，不論經濟學者如何迴避公平議題，他們總是難以迴避一些極為基本的問題。經濟學討論資源分配，總不能對「明顯不合理」的社會資源分配噤聲不語吧！舉例來說，絕大多數受過文明教育的人都會同意，「蓄養奴隸」是一個「不公平」的現象。經濟學者總不能只從效率面去談奴隸問題；即使蓄養役用「四肢發達」的奴隸真能提高人們的淨生產力好幾倍，文明社會也不能從這樣的效率考量，去合理化蓄奴制度。羅爾斯從康德（I. Kant）「道德人」的觀念出發，對蓄奴制度提出了系統性的批判，也明白指出前述「無知之幕」觀念的重要。羅爾斯認為在無知之幕背後，無辜弱勢奴隸的權益才會被凸顯，而他們應得的尊重與關注，應該優先於其他優勢群體的效率考量；這正是前文提到的「極大化弱勢論」。

經濟學既然號稱跨越實然面與規範面，就不應該對一個「顯然不公平」的蓄奴制度，居然都提不出一套析辨理論。很不幸的，在一九七〇年之前，經濟學界就是提不出一套理論去否定一個「不文明、不道德」的資源分配。羅爾斯的理論雖然在這方面有所突破，也將其大作在知名經濟期刊QJE（*Quarterly Journal of*

Economics）上發表，但經濟學界對他的理論卻也未必全然信服。

效率論對基本人權的退讓

在羅爾斯提出他的正義論之後，經濟學家在三、四年之內有許許多多的回應。連沈恩在內，前後一共有四位諾貝爾經濟獎得主對羅爾斯的理論提出見解。沈恩對羅爾斯的理論做了些溫和的修正，但其他三位，艾若（K. Arrow）、布坎南（J. Buchanan）、哈爾山（J. Harsanyi），則是對羅爾斯多所批評。

大致而言，後三位學者認為，羅爾斯所批評的功利主義（utilitarianism）仍然有它可取之處。他們三人指出：羅爾斯的「極大化弱勢論」其實只是一種極端的風險趨避論，不但欠缺堅實的科學理論基礎，也有一些不合理的現實推論。經濟學家認為，羅爾斯既然提出極大化弱勢理論，就要將該理論應用在各種實際面對的問題上，不能只「打高空」。

艾若曾經撰文質問：如果要佔用一塊弱勢原住民保留地興建一座兒童醫院，以醫治殘疾兒童，羅爾斯要如何用他極大化弱勢論做決定？哈爾山也質疑：如果要耗用絕大多數人的大量資源，去使一個植物人勉強無意識地存活，這樣是否符合羅爾斯的極大化弱勢論？對這類實際問題，羅爾斯總是迴避回答，辯稱他的理論是適用於大方向、大原則，而不是類似上述的個案問題。在一九七四年間，前述幾位大牌經濟學者對羅爾斯展開圍剿，也確實讓羅爾斯左支右絀，受了一些內傷。那一場論戰雙方互有勝負，以下我們只闡述讓經濟學家頭痛的問題。

不論經濟學者多麼不喜歡羅爾斯的理論，前述「蓄奴」的例子總是明顯的對傳統功利主義效率論者，設定了一個「邊界」。即使功利傾向極強的經濟學者，只要他還有一絲絲惻隱之心，也很難同意「以經濟效率決定蓄奴」的論點。因此，經濟效率理論似乎只能適用邊界內的事務，而對於邊界外諸多與公平正義、倫理道德有關的主題，卻難以切入。其實不但效率理論有邊際，難道有哪一種理論沒有邊界？有些經濟學家非常強調市場機能的偉大，但是卻不知道市場機能有些什麼限制、什麼時候不能盲目的仰賴市場。每當記者訪問他們對某類經濟現象的看法時，他們的標準答案一律都是「尊重市場機能、尊重市場機能」。有人笑稱這些學者是「鸚鵡經濟學家」，只要像鸚鵡一樣背熟了「市場機能」幾個字，就能一招半式闖江湖了。然而學者如果不了解應用市場機能的限制，將市場理論用在它無法適用的場域，那麼，往往會得出一些似是而非的推論或政策主張，辱己害人而不自知。

例如，假設有一百位教授都蓄奴，某日各自帶了自家的奴隸參加「蓄奴大展」。我們絕不能因為甲奴「身強體壯、營養均衡、面色紅潤、管理農場績效卓著」，就推理甲奴的蓄主「比較好」。即使放棄「比較好」、「比較壞」的價值判斷評語，而只是說甲奴的蓄主「比較有效率」，這種結論都沒有什麼意義。因為蓄奴本身就是對人權最大的傷害，其餘小惠小德，又何足敘說？在一群傷害人權的蓄主中，挑一個比較有效率的，除了諷刺，究竟有什麼意義呢？因此，我們如果是從效率觀點評論蓄奴的好壞，就已然埋下謬誤推理與狹隘思考的種籽；這也是不了解效率分析「邊界」的學者最容易犯的錯誤。

效率論對殖民主義的盲點

前述的分析不但適用「蓄奴」的例子，也適用「殖民經濟」的例子。例如，國內有部分經濟學者，用「日本人在台灣興建鐵路」、「日本人在台灣改善耕作」等等事例，企圖去證明「日本人是有史以來最好的殖民者」、「日本人使台灣人的身高增加了兩公分」。甚至因為前述種種日本人的建設，而主張「台灣應該賠償日本」。像這種論述，就像是主張「印第安人應該賠償美國人」一樣可議，顯然也是不知道經濟學實然分析「邊界」的表現。帝國主義殖民者經常將被殖民者視為次等人民，對他們設下種種就學就業的限制。殖民者不會將自己國家的婦女送去當「慰安婦」，只會將殖民地的婦女集體徵召哄騙去戰地，做妓女勞軍。這是對殖民地人民最基本人權最嚴重的摧殘。將殖民者列隊評比，去找一個「最好的」，本身就是一種荒謬的邏輯。如果在此之外還要冠以具有價值判斷的「賠償」字眼，那就更不可理解了。

其實，許多帝國主義殖民的行為就像是一種「畫定地區蓄奴」的行為。殖民者或是任何（內在或外來）專制政權，都是將當地人民視為工具（而非目的），連最基本的人權都予以蔑視。他們修橋鋪路的出發點，往往是為了更有「效率」地剝削殖民地的資源。他們改善耕作的目的，只是為了更有效率地供應帝國主義遠征軍的糧草。這一群蓄奴的人，能夠「好」在哪裡？以興建鐵路、改善耕作等事例的效率性去佐證殖民者的好或壞，也是不知道經濟學邊界的表現。針對一群對基本人權極不尊重的殖民者，其附帶的經濟利益，又有什麼值得稱道的？殖民地的人民如果是經歷了若干不同的統治者，或許會從微觀的角度比較不同統治者的好壞；但是，理應從宏觀角度思辨的學者如果也是這般狹隘，硬要說哪一類蓄奴者「比較好」，那就相當可悲了。

如果真要以奴隸的物質條件去做比較分析，恐怕一九九三年諾貝爾經濟獎得主傅戈（Robert Fogel）才是此道權威。傅戈指出，美國黑奴雖然不自由，但是他們的消費水準其實不比自由的農業勞工低。美國黑奴的平均壽命也幾乎跟法國與荷蘭等先進國家相同。因此，如果以消費、預期壽命等數據做比較，黑奴過的日子「好像還不壞」。但是即便如此，讀者們在不自由的黑奴與自由的農工之間，會選擇哪一個呢？沈恩說得好，他說：「**經濟發展的真正意義，在於自由的增進**。」如果殖民地區有所謂經濟發展，而在經濟發展的同時卻又剝奪殖民地人民的自由，這中間難道沒有什麼矛盾嗎？

也許有人會說，封建專制時代蓄奴的例子頗多，美國一百多年前也有蓄奴的現象。至少在當時，蓄奴是社會可以接受的，所以蓄奴在以前並不必然形成效率分析的禁地。沒有錯，蓄奴是否能被社會接受，確實是因地因時而異。事實上，所有的道德規範與準繩，都是以時空環境中的普遍接受性為前提。羅爾斯曾經指出，道德倫理的抽象規範最好能與人民情感的實際認知圓融互通（coherent）。政治哲學家一方面以實際認知歸納倫理規範，另一方面再以倫理規範檢證實際認知。當抽象倫理與實際認知圓融互通時，倫理規範始能穩定。因此，當時空背景改變時，倫理觀念可能隨之改變，效率分析的「邊界」也就會改變。從這個角度來看，經濟效率分析不僅有它的限制，而且這個限制還是隨著時空變動的。

用投票無法解決所有問題

我們也可以換一個例子，看看若干其他社會科學理論的限制。現在社會上大多數人，都已經接受「一人一票決定事務」的多數決民主機制，但是對於非常基本，非常普通的事務，恐怕也不能用多數決投票模式去解決。如前所述，台北市兩百六十三萬人，即使其中兩百六十萬人以壓倒性多數，表決通過「將另外三萬（無辜的）人貶為奴隸」，這也顯然是一個不公平的決議。基於人人平等的基本道德基礎，我們不能以多數決的粗暴方式，否定某些人的「基本人權」。這表示基本人權其實是在「無知之幕」背後先驗決定的，應該在一人一票的後天決策規則邊界之外。

另一方面，在某些極度專業、非常特殊的事務領域，我們也不能粗糙地採行多數決。舉例來說，某化學權威對化學系教授升等客觀條件的專業判斷，它的重要性應該要大於系內一般研究平庸者的判斷。如果是在如此專業的領域，不經深入討論就濫行僵化的一人一票多數決式的民主，事實上就是在利用人頭踐踏學術專業。因此，像教授升等、續聘這種非常專業特殊的事務，使用一人一票的決策模式也應該格外謹慎。此外，即使在一人一票普及的政治領域，專業還是要受到尊重。例如總統、市長與立委都是民意代言人，並不是專業代表，理應用一人一票的方式選舉產生。但是像大法官，他們需要極專業的知識去詮釋憲法、維繫憲政體系，就不可以用一人一票的方式選舉產生。因此，涉及專業的事務，似乎也應該在一人一票決策邏輯的邊界之外。

由以上的分析可知，像「人權」這麼普通、基本的事務，或是像教授升等、法官選任這麼專業、特殊的事務，都是在傳統的「一人一票」多數決決策模式的邊界之外。如果不了解民粹投票的限制，莽撞的主張「大學校長普選」、「大法官普選」，那只能算是「一人一票拜物教」的崇奉者。要處理憲法保障的基本人權，或是專業教授團體的升等續聘，都必須格外細緻的思考推理與制度設計。羅爾斯與沈恩兩人，對於「基本人權」這類公平性問題的推理與設計，都是格局宏大、見解精闢，遠非見識淺短的「一人一票拜物教」論者所能比擬。

經濟學對世事分析的限制

如前所述，幾乎所有的學問都有邊界。牛頓理論一旦納入時間的維度，就不太對勁了；如果是時間維度之外再納進其他的維度，說不定愛因斯坦的相對論也就有些瑕疵。自然科學如此，社會科學恐怕更是如此。如果一派理論只在某個邊界之內成立，如果不了解該理論的邊界在哪裡，其實說穿了也就是根本不了解這派理論。歐思莊與沈恩教授獲獎，這件事至少告訴我們：在傳統經濟學效率分析的範圍之外，還有倫理、政治哲學等等重要面向。如果有經濟學者對於頒獎給主流圈外學者而嘖有微詞，我也只能對當今學界的門戶之見，感到遺憾了。

進階閱讀

- Becker, Gary S.（1996）*The Economic Way of Looking at Behavior: the Nobel Lecture*. Stanford, CA: Hoover Institution.
- Cooter, Robert and Ulen, Thomas（2007）*Law and Economics*（5th ed.）. Reading, MA: Addison – Wesley.
- Fogel, Robert William and Engerman, Stanley（1989）*Time On the Cross: The Economics of American Negro Slavery*. N.Y.: Norton.
- Friedman, Milton（1982）*Free to Choose*.《選擇的自由》（胡騏等人譯，北京：商務印書館。）
- Friedman, Milton（1993）*Capitalism and Freedom*.《資本主義與自由》（藍科正、黃美齡譯，台北市：萬象。）
- Friedman, Thomas（2005）*The World Is Flat: A Brief History of the Twenty-first Century*.《世界是平的》（楊振富等人譯，台北：雅言文化。）
- Negroponte, Nicholas（1995）*Being Digital*.《數位革命》（齊若蘭譯，台北：

天下文化。）

- Posner, Richard（1986）*Economic Analysis of Law*. Boston: Little Brown.
- Rawls, John（1971）*A Theory of Justice*. Cambridge: Harvard University Press.《正義論》（黃丘隆譯，台北市：結構群。）
- Sen, Amartya（1999）*Development as Freedom*. Oxford: Oxford University Press.《經濟發展與自由》（劉楚俊譯，台北市：先覺。）
- Shapiro, Carl and Varian, Hal R.（1999）*Information Rules: A Strategic Guide to the Network Economy*. Cambridge, M. A. : Harward Business School Press．
- Stigler, George J.（1975）*The Citizen and the State: Essays on Regnlation*. Chicago: University of Chicago Press．
- Thurow, Lester C.（2000）*Building Wealth: the New Rules for Individuals, Companies and Nations in a Knowledge – based Economy*.《知識經濟時代》（齊思賢譯，台北市：時報文化。）
- Vogel, Ezra F.（1981）*Japan as Number One*.《日本第一》（李孝悌譯，台北市：長河。）
- 毛慶生、朱敬一、林全、許松根、陳添枝、陳思寬、黃朝熙合著（二〇〇九）《經濟學》，台北：華泰、聯經經銷。

■朱敬一（二〇〇六）《給青年知識追求者的信》，台北：聯經。

■許宗力、葉俊榮、林明鏘、蔡茂寅（一九九九）〈「釋字第四六二號解釋研討會」發言記實〉，《台灣本土法學》，第三期：一〇〇—一一九。

■蔡志方（一九九八）〈「論各級學校教評會評審行為之法律性質及其救濟：兼評釋字第四六二號解釋〉，《月旦法學雜誌》，四十一期：一一五—一三一。

創新觀點9
經濟學的新視野（新增版）

2010年3月初版　　定價：新臺幣350元
2016年4月初版第三刷

著者　朱敬一
　　　林全
總編輯　胡金倫
總經理　羅國俊
發行人　林載爵

出版者　聯經出版事業股份有限公司
地址　台北市基隆路一段180號4樓
編輯部地址　台北市基隆路一段180號4樓
叢書主編電話　(02)87876242轉223
台北聯經書房　台北市新生南路三段94號
電話　(02)23620308
台中分公司　台中市北區崇德路一段198號
暨門市電話　(04)22312023
郵政劃撥帳戶第0100559-3號
郵撥電話　(02)23620308
印刷者　世和印製企業有限公司
總經銷　聯合發行股份有限公司
發行所　新北市新店區寶橋路235巷6弄6號2F
電話　(02)29178022

叢書主編　鄒恆月
校對　陳玫稜
　　　林怡珊
封面設計　張士勇
內文排版　林燕慧

行政院新聞局出版事業登記證局版臺業字第0130號

本書如有缺頁，破損，倒裝請寄回聯經忠孝門市更換。ISBN　978-957-08-3565-6 (軟皮精裝)
聯經網址 http://www.linkingbooks.com.tw
電子信箱 e-mail:linking@udngroup.com

國家圖書館出版品預行編目資料

經濟學的新視野 / 朱敬一、林全著.
--初版.--臺北市：聯經，2010年
296面；14.8×21公分.(創新觀點；9)
ISBN 978-957-08-3565-6（軟皮精裝）
[2016年4月初版第三刷]

1.經濟學 2.財經管理

550.7 99002580